すべての子どもは天才になれる、親（あなた）の行動で。

WAYS TO BRING OUT
YOUR CHILD'S
CREATIVE GENIUS.

TORU FUNATSU

ダイヤモンド社

はじめに

この世に才能のない子など、一人もいない

スポーツ選手、実業家、研究者など、社会で華々しい実績を残して活躍する人がメディアなどで取り上げられた時、こんなふうに思ったことはないでしょうか。


「きっと、親が立派だったんだろう」

「生まれつき特殊な能力があったんだろう」

「どんな教育を受けたんだろうか？」

「才能のある子はどうやれば育つのだろうか？」


本書がそうであるように、今、日本だけでなく世界の先進国の関心事は「教育」に向かっています。世界中の親が、子どもによりよい教育を受けてもらおうと躍起になり、情報

を集め、環境を整えようとしているのです。

そもそも、教育の「ゴール」とは何でしょうか。何をもってして、「教育は成功」とすればよいのでしょうか？

早稲田、慶應、東大などの難関大学に入ることでしょうか？　名の知れた一流企業に就職することでしょうか？　メディアに登場して有名になることでしょうか？　それとも、高い年収を得ることでしょうか？

様々な回答が浮かんでくると思いますが、私は、教育のゴールをこう定義しています。

「子どもが自分の才能（特性）を見つけて、自分の人生を選択できるようにすること」

教育のゴールは、受験や就職などではないのです。当然、親が望む進路を歩んでもらうことでもありません。

社会に出ていく子どもが、「自分はこう生きたい」という夢を描き、その目標に向かって自分の人生を突き進んでいく。そのための準備を整えることが、教育のゴールなのです。

私はこれまで、25年にわたって日本、アメリカ（ハワイ・ロサンジェルス）、中国（上海）で子どもの教育に関わってきました。下は1歳から上は18歳まで、４０００名以上の子どもたちと、その親たちを見てきたのです。

その中では、たとえば幼い頃はキラリと光る優れた才能を見せていた子が、学年を重ねるにつれごく平凡な能力の持ち主になり、やりたいことが見つからずに何となく生きている姿。反対に、ごく普通の才能の持ち主だった子が（私たち教育者の期待をいい意味で裏切り）社会的成功を収め、壮大な夢に向かってたくましく突き進んでいる姿。子どもが育つ過程と、その親の様子を見てきました。

一体、この「差」はどこから生じるのでしょうか？

その決定的な要因は、血筋や遺伝などではありません。また、子どもが生まれ持った才能で決まるものでもありません。

その要因は何よりも、「親のあり方（行動）」なのです。

「うちの子は才能がない」「パッとしない」などと言う親がいますが、それは違います。この世に才能のない子など、ただの一人もいません。誰もが輝かせるべき才能の芽（特性）を持っているのです。他の子どもとは違ったところ、目立っているところ、興味の強いこと、必ず一つ以上は持っています。

しかし、親が才能の芽に気づいていない、あるいは、子どもの本当の特性を無視した教育環境を与え続けていると、子どもは自分らしさをどんどん失っていくのです。

私自身、数々の「天才」と呼ばれる子どもを見てきましたが、小さな時から圧倒的に秀でている、という子どもはほとんどいません（先天的に天才という子どもの割合は体感としては500人に一人くらいです）。**多くの場合、家庭での過ごし方で後天的に能力を開花させ、結果として「天才」と言われるようになるのです。**

私のもとにも日々、「うちの子どもにはやる気がない」「うちの子には特技がない」と悩みが寄せられますが、問題の本質は「子どものあり方」ではありません。

親の習慣、親の態度、親の関わり方がすべてを決めています。

子どものやる気がないのは、子どものやる気をつぶす行動をとってきたから。特技がないのは、子どもの本質に向き合い、子どもの長所を引き出していないからなのです。

親の行動次第で、どんな子どもも天才になれますし、どれだけ才能がある子どもでも、親があり方を間違えれば自己肯定感が低く、やる気の少ない子どもに育ってしまいます。

「パッとしない」「平凡」と言われながら育った子どもは、当然ながら自分の才能にふたをし、そのとおりの子どもになってしまうのです。

では、優秀な子どもを育てる親は、どんなことをしているのでしょうか？　そこには、驚くほどの共通点があります。不思議なことに、住む国や地域、親の経済力や学歴、人種や文化などは関係ありません。

たとえば、

- **勉強しなさいと言わない**
- **勉強は学校や塾任せにするのではなく、家庭で親が教えている**
- **どんな小さなことも、子どもに選択をさせている**
- **習い事を全力でさせている**
- **習い事では、親が技能の底上げをサポートしている**
- **食事中の雑談を大切にしている**
- **子どもに考えさせる質問をしている**
- **ボードゲームやカードゲームで遊んでいる**
- **本を好きにさせ、興味を引き出している**

などといったことです。

実はこれらは、科学的に見ても理にかなっていることであり、なぜいいかという理由も明確にあるのです。本書は、そうした親の行動を体系的にまとめています。

まず、ガイダンスとなる第1章では、優秀な子どもを育てるための3つの柱を紹介します。その柱とは、子どものやる気や人格を決定づける「よい習慣」、バイアスに惑わされないための「思考力」、自分の人生を選択していくための「アイデンティティの確立」で、この3つの関連性と、詳細を見ていきます。

そして第2章からは、それらの柱を育てていくための「習い事」や「勉強」への取り組み方、また家庭での「コミュニケーション力」や「考える力」の育成方法について実例を交えながら紹介します。

後半の第6章~8章ではそれらに付随して、「日本人のための英語学習」「AI時代のコンピューター教育」「子どもを育てる環境（進路）選び」など、答えのない時代を生き抜くための教育の指針について言及していきます。

第5章まではすべての親子に共通することであり、後半の内容は子どもの特性に合ったものを取捨選択していただければと思います。

本書が対象とする年齢は幼児から中学生までが中心ですが、ティーンエイジャーになった子どもにも応用できる内容を数多く紹介してあります。

まだ、遅くはありません。どんな子どもにもキラリと光る才能の芽（特性）があり、親がそれを信じていけば、子どもは必ず才能を開花させ、社会で自分らしい人生を歩んでいけます。

教育の制度が問題の本質なのではありません。また、学校や塾が問題なのではありません。親が「こんな人間に育ってもらいたい」という信念を持ち、どっしりと大きく構えて子どもに向き合えば、子どもはたくましく成長していくのです。

すべては、親である。このことを胸に読み進めていただけたら、きっと子どもたちは自分のやりたいことを見つけて、自分らしい素晴らしい人生を送るようになります。

すべての子どもは天才になれる、親《あなた》の行動で。

contents

□はじめに　この世に才能のない子など、一人もいない……001

第1章　賢い親がしている教育、3つの柱

□遺伝も、経済的豊かさも、教育の本質ではない
よい習慣、思考力、アイデンティティを作る教育……020
□人生を決定づけるのは、習慣力の有無である
「よい習慣」はどう身につくか……026

第2章

賢い親たちがしている習慣の教育

□バイアスこそが、人生最大の敵である
地頭、判断力、柔軟性を高める思考力 034

□確固たるアイデンティティを確立するには
教育のゴールは「受験」や「就職」ではない 038

□賢い親は、「勉強しなさい」と言わない
子どもの好きなことをとことんサポートし、自主性を尊重する 048

□習い事が、人生を決定づけるほど重要な理由
子どもの習慣力と特性（強み）を同時に伸ばす方法 057

□子どもを子ども扱いしないと、子どもは成長する
衝動をコントロールする教育 065

第3章 才能を開花させる習い事

□無意識の行動を、意識的な行動に変えていく
人生は選択の連続であることに気づかせる……072
□食事中の雑談を、何よりも大切にすべき理由
信頼感とコミュニケーション力を高める時間……077
□忙しくさせることで、自己マネジメント力が身につく
自己管理力、時間管理力を身につける最高の方法……082
□本気で習い事をしている子どもは、勉強にも打ち込む
文と武は互いを高め合う……086

□全力を出し切ることの重要性を伝える
強みを高める適切な競争経験とは 092
□考えるべきは、弱点の克服ではなく、強みの強化
伸びる子どもの親がしているサポート 100
□人と違う部分は、すべて強みになる
強みの芽を見つけ、意識させる 107
□理想の習い事は、スポーツとアート系の習い事を2つ
習い事の選び方のポイント 111
□途中でやめることが、なぜいけないのか？
10年以上の継続によって得られる本物の自信 118
□人生の「プランB」を考えさせる
選択肢を持っていると、浮き沈みに一喜一憂しない 127
□勉強でも得意科目を一つ持つ
勉強嫌いにさせないために 132

第4章

思考力を伸ばすのは、「問い」である

□親のバイアスが、子どもの人生を縛ってしまう
すべての選択をゆがませるもの …… 142

□問いを重ねることで、思考は洗練されてゆく
クリティカルシンキングを身につける方法 …… 149

□問いによって、思考の偏りに気づかせる
クリティカルシンキングの鍛え方1 …… 152

□答えのない質問（オープンエンディド）をする
クリティカルシンキングの鍛え方2 …… 154

□子どもの「何で？」を引き出す問い
クリティカルシンキングの鍛え方3 …… 157

□親が決めるのではなく、小さな選択をさせる
クリティカルシンキングの鍛え方4　160
□本を「能動的に」読むための問い
クリティカルシンキングの鍛え方5　163
□インターネット広告や勧誘メールについて考えさせる
クリティカルシンキングの鍛え方6　166

第5章 聞く、話す、書く、読む力が地頭を作る

□2種類の「聞く力」を育てることから始まる
理解しようとして聞く力と、共感して聞く力　170
□人前で堂々と話す力を育てる
伝え方がわかると論理力も伸びる　177

第6章

日本人のための英語教育

□書く練習は、自分の思考や心と向き合う力になる
海外の大学では、なぜエッセイが重要視されるのか 189

□読書習慣のある子どもが、文系も理系もできるようになる理由
読解力は、思考力を加速させる 195

□英語教育のゴールは、「英検準1級」レベルの英語力
負担が増す英語への基本方針 204

□英語は、いつ始めるのが正解か
習得の最適期と習得時間について 211

□日本から一歩も出ずとも、使える英語は習得できる
外国語習得には、リーディング力を高めることが最高 …… 218
□フォニックスとサイトワーズを駆使する
正しい発音が、使える英語の源泉になる …… 223
□英語は訳さず、英語のまま理解させるほうがいい
バイリンガルの頭の使い方 …… 231
□ハリウッドで活躍する日本人俳優が短期間で英語を習得した方法
演劇経験者の英語習得が早い理由 …… 235

第7章 AI時代のコンピューター教育

□小学校低学年からは、コンピューター教育を取り入れる
「作る側」の思考を学ばせる …… 244

□家庭で行うコンピューター教育とは
ルール作りと能力の伸ばし方 252

第8章 子どもに用意すべき環境とは

□賢い親は、子どもが自分で選んだように導く
自主性と賢明な選択をどう両立させるか 260
□学校が何とかしてくれるという幻想は抱かない
多数の選択肢から何を選ぶか 265
□幼稚園選びのポイント
本当に子どもを通わせたいのか、足を運ぶ 271

□小学校選びのポイント
将来を視野に入れながら選択する……275
□中学校選びのポイント
親の希望ではなく、子どもの自主性を大切に……282
□子どもを育てるなら、地方か都会か
環境のメリットを活かして育てる……286
□夏休みの過ごし方が伸びしろを決める
自信を飛躍させる1ヶ月……292
□インターか、イマージョンか、留学か
英語教育を取り入れる場合……296
□おわりに……302

第1章

賢い親がしている教育、3つの柱

遺伝も、経済的豊かさも、教育の本質ではない

よい習慣、思考力、アイデンティティを作る教育

□すべては、親の行動である

「人生は、生まれた環境によって左右される」とよく言われます。

たとえば、〝金持ちの子どもは金持ちになり、貧しい家庭の子どもは大人になっても貧しいまま〟などと言われることがありますが、果たして、それは真実なのでしょうか？

長年教育に携わってきて、様々な子どもたち、そして親たちを見てきました。アジア人や欧米人、また文化や経済的なバックグラウンドはまったく異なる親子たちです。

天才と呼ばれる子どもと、その親。かつては神童と呼ばれていたものの、人生の中で挫折してしまった子どもと、その親。また、ティーンエイジャーくらいからメキメキと実力をつけて、圧倒的な能力を身につけていった子どもと、その親など。

様々な人生模様がありますが、何が人生を分けているのでしょうか。

それは、よい家庭教師をつけることでも、評判のいい学校に入れることでもありません。「はじめに」でもお伝えしたように、決定的な差を作っているのは、親のあり方なのだということが、まず本書でお伝えしたいことです。

たしかに、ビジネスで成功している人の子どもが、親と同じように学業やビジネスで成功していく例は多々見られます。経済的に豊かであれば、子どもによりよい教育環境を与えられる……というのは、決して嘘ではないでしょう。

しかしながら、経済的に豊かな家庭で育った子どもが全員うまくいっているかといえば、当然そんなことはありません。むしろ、**親からの期待やプレッシャーが強すぎるあまり、「子ども不在」の教育でつぶれてしまう子どもは世界にごまんといるのです。また、親からの愛情が実感できず、精神的にもろくなってしまう子どももいます。**

一方で、経済環境がよくない、親はごく一般的な職業、地方在住といった家庭から、とてつもない能力を持った子どもが育つというケースも多々あります。

日本人で初めて4大大会（USオープン）を制覇した大坂なおみさんを例にとると、彼女の親はテニスの経験がほぼなかったと言います。にもかかわらず、父親はコーチとしてプロになるまで指導し、大坂さんの偉業をサポートしてきたのです。

つまり、「遺伝」や「親の職業」が子どもの人生の決定的な要因になるかと言えば、そうではないと私は考えています。

教育においては、**「お金がないからよい教育ができない」「自分たちには才能がないから子どもも才能がない」「地方在住で教育機会が少ないから不利」というのはバイアス（思い込み）であり、そのようなバイアスは今すぐに捨ててほしい**のです。

親の持つバイアス、保身や理想の押しつけなどが、子どもの真の才能をつぶしてしまっている。私はそう感じてなりません。最初から「この程度だ」「普通でいい」「人並みでいい」という前提でスタートしていれば、教育がうまくいくはずなどないのです。

□優秀な子が育つ家庭で行われている３つの柱

では反対に、優秀な子どもが育つ家庭で行われているのは、どんなことなのでしょうか？

賢い親のもとで育った子には、３つの柱が備わっています。

その柱とは、**「よい習慣」「思考力」「アイデンティティの確立」という3つです。**それぞれ簡単に説明しましょう。

まず「よい習慣」とは、子どもの人間性を作るベースになる行動習慣のことです。性格やメンタリティ、やる気なども含めた人間性は、よい習慣によって作られていきます。その習慣を身につけさせるための教育が、各家庭で行われているのです。

続いて2つ目の「思考力」とは、誘惑の多い世の中で子どもがよりよい道を選んでいくために欠かせない能力です。特に、周囲に惑わされず物事の本質を見抜く思考（クリティカルシンキング）と、柔軟な思考を可能にする地頭力が二大要素になります。この能力が身につくトレーニングを賢い親たちは行っているのです。

最後の「アイデンティティの確立」とは、自分はどう生きるかの指針をハッキリと決めていくための力。子どもは様々な経験の中で、自分は何者であり、どう生きたいかを明確にしていきます。このアイデンティティの確立こそが教育の最終目標であり、親はそのために子育てをしている、と言っても過言ではありません。

これらは、それぞれまったくバラバラの資質のように見えますが、関係としてはピラミッドのようなものです。

教育の3つの柱

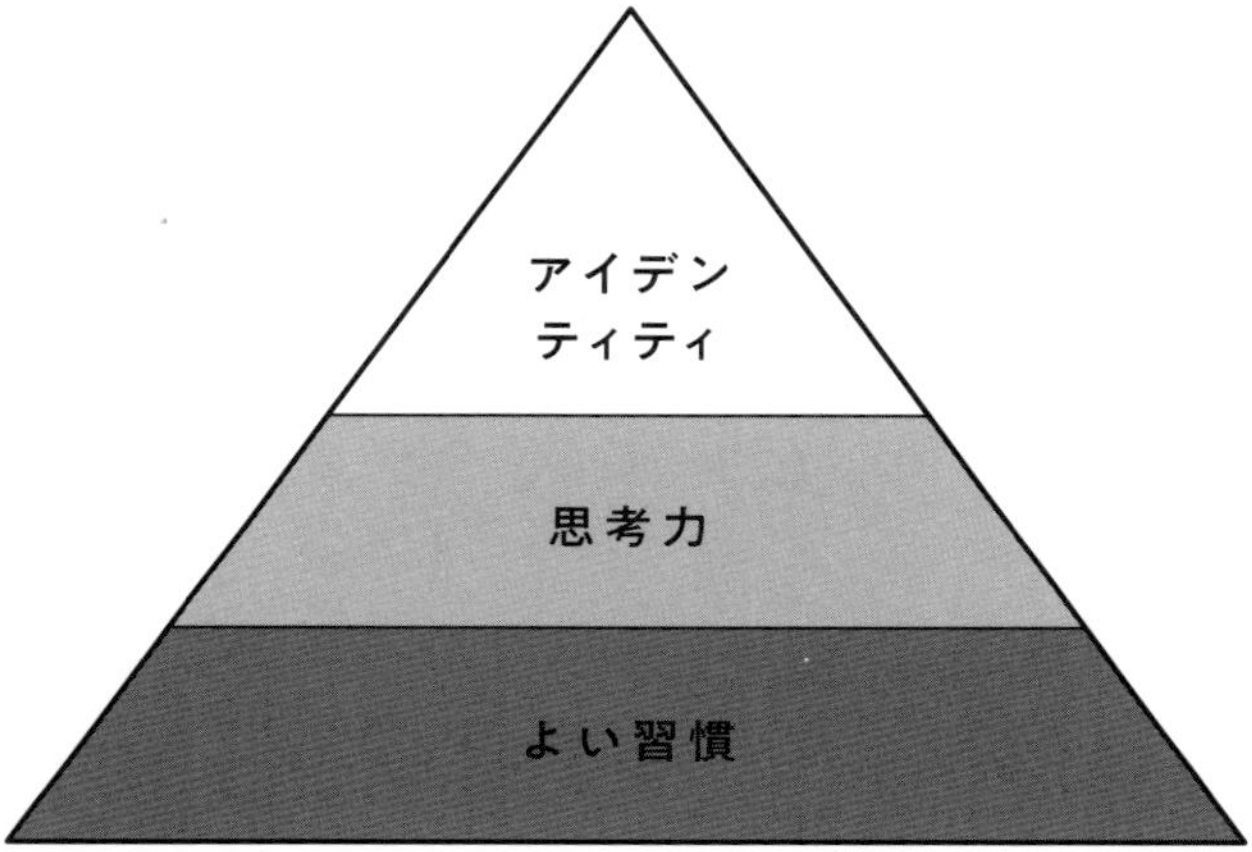

根底にある「よい習慣」が人間としてのベースを作り、家庭でのトレーニングによって培われた「思考力」が子どもの人生の方向性を決定づけていき、最後に「アイデンティティ（ぶれない自分らしさ）」がてっぺんにできあがる、というイメージをしてもらうとわかりやすいでしょう。

優秀な子どもには、ほぼ例外なくこの3つの柱が備わっており、驚くことに、どの家庭でもその資質を身につけさせるためのアプローチが共通しているのです。教育に関しては様々な研究も進んでいますが、その研究の中でも、賢い親たちがとっている行動の正しさを裏づけています。

それでは、この3つの柱はどのように身

につき、どのように子どもの人生に影響するのでしょうか？　まずこの第1章では、それぞれの柱についてより詳しい説明をしていきます。

本書の大枠のガイドラインとして、お楽しみください。

人生を決定づけるのは、習慣力の有無である

——「よい習慣」はどう身につくか

□優秀な子どもが身につけている習慣とは

優秀な子どもにはいくつもの行動の一致が見られるのですが、たとえば大きな特徴の一つとして「何事にも一生懸命に打ち込み、手を抜かない」ことが挙げられます。

自分のための努力を惜しまず、勉強も、課外活動も、恋愛も、遊びも、100％の力で打ち込むのです。

いつでも100％を出し切るからこそ、自分の選択に後悔することなく、また失敗や成功、すべての行動から学びを得て、成長し続けていくという好循環ができていきます。

それゆえに、少々の挫折には折れない心の強さ、物事を最後までやり遂げる意志の強さ、何事もコツコツ続けるという積み重ね、より大きな目標に挑戦するチャレンジ精神な

どが身についてゆくのです。

そのような子どもは、**「勉強しろ」と言われないでも自主的に勉強し、もちろん、社会に出てからも誰に何を言われずとも努力と研鑽を続けていけるのです。**

教育界では、このような子どもの資質を「非認知能力」と呼んでいます。非認知能力とはわかりやすく言うと、「数値化できないが、人生に欠かせない能力」のこと。やる気、粘り強さ、思考の深さ、コミュニケーション力などの能力です。数多くの研究によって非認知能力の高さは学力以上に子どもの成功や幸福感に直結していることがわかっています。

この能力はどうすれば身につくかと言うと、答えはとてもシンプルです。**子どもに「よい習慣」を身につけてもらうこと。**これに尽きます。子どもの能力を伸ばす行動を積み重ね、習慣化し、定着させることです。優秀な子どもは、もれなくよい習慣を持っています。この習慣が、子どもの人生の基盤となっていくのです。

では具体的に、どのような習慣がよい習慣なのでしょうか？

私が最もわかりやすい指針として挙げたいのが、カリフォルニア州立大学名誉教授のアーサー・コスタ博士（アメリカで教育カリキュラムの改革に取り組んできた教育者）が提唱する

「Habits of Mind／心の習慣」です。

この「心の習慣」はアメリカで生まれ、いくつかの学校で実験的に取り入れられると、子どもはもちろん、先生や父兄にも大きな成果をもたらしました。現在はアメリカだけでなく、イギリス、オーストラリア、シンガポール、香港など世界中の学校で取り入れられ、学力向上や生活態度の改善など、めざましい成果を挙げています。

その習慣とは、次のとおりです。

Points

16のよい習慣

1 やり抜く習慣……あきらめない、やり続ける力
2 衝動をコントロールする習慣……行動する前に考える、落ち着く力
3 共感して聞く習慣……気づかう、集中する、注意深く聞く力
4 柔軟に考える習慣……別の可能性を考える、違う見方をする力
5 思考を思考する習慣……自分の思考の偏りに気づく、考え直す力
6 正確さを追求する習慣……念には念を入れる、洗練する力
7 疑問を持ち、問題提起する習慣……なぜ？ どうして？ 根拠は？ と問う力

8　知識や経験を活かす習慣……思い出し、応用する力
9　明晰に考え、伝える習慣……はっきり話す、言葉を選ぶ力
10　五感でデータを集める習慣……感じてみる、触れてみる、感性を活かす力
11　想像、創造、革新する習慣……ユニーク、独創的である力
12　世界の神秘と発見を楽しむ習慣……よく見る、夢中になる、とりこになる力
13　チャレンジする習慣……リスクを冒す、勇敢である、冒険する力
14　ユーモアを見つける習慣……肩の力を抜く、楽観的になる力
15　共に考える習慣……協力する、共に学ぶ、持ちつ持たれつの関係を作る力
16　常に学び続ける習慣……変わり続ける、興味を持ち続ける力

「16 Habits of Mind／16の心の習慣」：出典「Habits of Mind」Arthur Costa

これらを見ると、「たしかに、優秀な人はこんな資質を持っている」と納得できるものではないでしょうか？

これらの習慣が培われていくことで、学業だけでなく運動やアートなどの分野、人とのコミュニケーション能力やリーダーシップや自己管理能力などを伸ばすことができます。私が見てきた子どもたちの中で、大きく羽ばたいて活躍していくのは、こうしたよい習慣を身につけていった子どもたちです。

では、この習慣はどのようにして身につくのでしょうか？　習慣とは、日々の積み重ねであり、すべてを一度に鍛えることはできません。子ども時代を通して、さらに言えば一生を通してこれらのよい習慣を身につけていくのです。

ですが、習慣を作るということはそこまで難しいことではないのです。

親がよい習慣が身につく仕組みを作ってあげることで身についていき、加速度的に大きな効果を発揮していきます。家庭での過ごし方、声のかけ方、態度、表情、サポートの仕方、出かける場所、与える環境など、親の行う小さな行動が子どもの習慣を大きく変えるきっかけとなるのです。

本当に小さなことなのかどうか、一つ、ハワイにあるワイキキ小学校の例を出しましょう。

□学力を70%向上させた、ワイキキ小学校の奇跡

ワイキキ小学校はごく小さな公立小学校ですが、前述のコスタ博士が提唱した「心の習慣」を導入後、成績優秀な小学校としてブルーリボン賞（アメリカで優れた学校に大統領から贈られる最高の栄誉）を07年と13年に2回受賞しました。

ワイキキ小学校は学区に住む子どもであれば誰でも通えるごく一般的な公立小学校です。

さらに言うと、そもそもハワイの人口構成はアジア諸国からの移民が4割以上を占める世界でも特殊な場所で、観光業が主力産業、地元の経済状態はよくありません。事実、ワイキキ小学校の生徒構成は低所得者家庭が全体の38％、英語を第二言語で学ぶＥＳＬ生徒が全体の30％と、教育環境としてはかなり厳しい状況です。

03年の学力調査では英語のReading（読解力）の習熟度が41％、算数の習熟度が28％と、学力的にも厳しい学校でした。

ところが、コスタ博士の習慣教育を取り入れ、劇的に変わりました。08年の学力調査では英語の習熟度が83％、算数の習熟度66％を記録。14年には英語94％、算数93％というレ

ベルまで高まったのです。

いったい、何をすればそんなことが起きるのでしょうか？

ワイキキ小学校で行っていることは、とてもシンプルです。先に挙げた16の習慣のうち、毎月最低一つの習慣をテーマに掲げ、学校と家庭が協力して子どもに意識づける、といった地道な活動です。

たとえば「やり抜く習慣」がテーマであれば、授業中にわからない問題に出合った時に「あきらめないで！」と生徒同士が声をかけ合う。先生も「やり続けよう！」と励ます。家庭でも「あきらめないで！」「やり続けよう」と共通の声がけをするのです。

子どもを取り巻く人たちが同じ言葉をかけ続けることで、必然的に意識が高まるのです。

あいさつのしつけのようなものです。親、兄弟、近所の人が「おはようございます」と声を毎日かけることで、ごく自然に「おはようございます」と照れずにあいさつできるようになりますね。

親や先生が根気強く声を掛け、生徒たちを励まし続けることで、生徒たちは、一人ひとりが自分たちのできる範囲であきらめずに思考し、課題に粘り強く取り組んでいく習慣を身につけることができたのです。

私がワイキキ小学校を訪問して驚いたのは、何より、生徒も先生も明るい表情で、学びを楽しんでいる雰囲気が伝わってくることです。よい習慣を意識づけることによって学校全体の雰囲気がポジティブになり、自信に満ちあふれた学習環境を実現しています。

習慣の力は、家庭の経済環境や家柄、国籍や持って生まれた資質や才能に関わりなく、誰でも訓練によって高められるのです。

ただし誤解してほしくないのは、**習慣力は学校や先生が鍛えるものではない**、ということです。家庭と学校が一致団結して習慣教育に取り組んだワイキキ小学校は稀なケースです。

よい習慣を育てるには、あくまでも「親」が中心となること。家庭内での努力が必須になります。親たちが協力をしながら、**親自身も習慣を変えていくことで育つものであり、優秀な子どもを育てる家では、よい習慣を鍛えるための「仕組み」があるのです。**

いったい、どんな仕組みがあるのか？　第2章以降、詳しく解説していきます。

バイアスこそが、人生最大の敵である

地頭、判断力、柔軟性を高める思考力

□親の問いが、子どもの思考力を鍛えていく

優秀な子どもたちが身につけている2つ目の柱が、思考力です。

21世紀は「答えのない時代」と言われます。「人間がこなせる仕事の多くはロボットやＡＩ（人工知能）が担うようになる」と多くの人が言っているように、この流れは加速していくでしょう。

しかし、経済状況や産業が大きく変化していく中でも決して悲観せず、むしろ新たなチャンスを見出し、仕事を生みだしていく、そんな発想を可能にするために、自分の頭で考えられる思考力が欠かせないのです。

判断に迷った時に、「他のみんなと同じ」「誰かがこんなことを言っていたから」と決め

るのではなく、既存の枠組みにとらわれず、自由にアイデアを発想していく――情報が多く、バイアス（思い込み）の多い世の中であるからこそ、必須の能力です。

トップエリートと呼ばれる人たちは、勉強ができるだけの優等生で終わらず、ビジネスの領域でもきちんと結果を出すことができますが、それは思考力のたまものなのです。

この思考力も、子どもが勝手に身につけていくものではなく、家庭で育てられていきます。**特に重要なのが親子間で交わされるコミュニケーションで、優秀な子どもの育つ家庭では様々な「問い」が投げかけられ、子どもは小さな時から自分で考えるクセを持っているのです。**

・小さな選択をさせ、「YES or NO」をハッキリさせる
・選択の際には、論理的に理由を考えさせる
・一つの角度からではなく、多面的な立場から物事を考えさせる
・「わからないこと」を明確にして、追求させる
・自分の本心と向き合って選択をさせる

といった訓練をしていくことで、自分の意見を持つ力、分析する力、発想する力、問題を解決する力がついていきます。賢い親たちは、子どもの発想を刺激する質問をして子どもが楽しんで考えられるように仕向けているのです。

さらにコミュニケーションだけでなく、**「読書」などを通して身につく「読解力」「言語力」「書く力」や「知識」などにより、考える力はさらに洗練されていきます。**

その結果、「テレビやネットでこう言っているから」「権威のある人がそう言っているから」などではなく、事実や根拠に基づいて、自分の明確な意思で物事を決め、常識の枠にとらわれず自由に発想していきます。また、小さな我（見栄やプライド）にこだわることなく、人と協力してよりよいものを作り出す、ということができるのです。

□重要な選択を後悔しないために

何よりも、なぜ思考力が重要なのかといえば、人生を後悔しないためです。

人生には重要な選択をしなければならない場面がたびたび訪れます。

たとえば子どもが進学先を決める時に、「仲のいい友だちが行くから」「偏差値が合格圏内だから」「家の近くだから」といった安易な理由で決めるのではなく、「本当にその学校で学びたいのか?」「自分の特性を伸ばしてくれる最適な環境はどこか?」と、選択の質を高めてゆくためには思考力が必要になります。当然、仕事を選ぶ時も同じです。

人生に起きるすべてのことは、自分の責任で決めていくもの。しかし、思考を放棄して他人まかせにすると「あのときああしておけば……」という後悔が残り、他人に責任転嫁をしてしまうこともあるでしょう。

そもそも人生に「これをしたら100点である」という明確な答えはありません。ですから、「自分が納得できる解を出す」訓練をすることが自分らしい人生を送るための方法です。そのためには、親が自身のバイアスに打ち勝ち、情報にふりまわされず、「こういう子どもに育てる」という信念を持って子どもと接していかねばなりません。そして、「自分の人生は自分で決めていいのだ」と子どもに繰り返し伝え、「何が起きてもあなたの味方だよ」「あなたを守るよ」と言葉と態度で伝える必要があります。

その親のゆるぎない態度、ありのままの子どもを受け入れるという姿勢が、子どもを安心させ、「自分は自分らしくいればいい」という自信につながっていくのです。

その具体的なアプローチ方法は、このあと第2章以降で見ていきましょう。

確固たるアイデンティティを確立するには

教育のゴールは「受験」や「就職」ではない

□子どもの「らしさ」と親の思惑、どう折り合いをつけるか

教育の3つ目の柱、それは「アイデンティティの確立」です。

「アイデンティティ」の定義は意見が分かれますが、私の解釈では「自分は何者で、何を大切にし、どう生きたいのか」を見つけること。言葉を換えると、自分の立ち位置、価値観、ライフスタイルを確立することです。「ゆるぎない自分らしさ」を持つことで、人生に迷いがなく、選択、決断、努力を続けていくことができます。

このアイデンティティの問題は非常に難しく、子育て相談に来た方に、「子どもが20歳になった時、どうなっていてもらいたいですか？」と質問をすると、こんな回答が返って

きます。

・「自分の好きなこと・やりたいことを見つけてもらいたい」
・「自分の夢に向かって突き進んでいる人になってもらいたい」
・「自分で考え、行動できる人になってもらいたい」

みなさん我が子に「自分らしい生き方」をしてもらいたいと願っていることがわかります。その回答を受け、「わかりました。では、ご相談内容は何でしょうか？」そう尋ねると、返ってくるのは次のようなフレーズです。

・「中学受験を考えているのですが、どうしたらいいでしょうか？」
・「まだ子どもは小学生なのですが、将来◯◯大学に合格させるために、今、何をさせたらいいですか？」
・「子どもに英語を身につけさせたいのですが、どんな学校がいいですか？」

このように、「受験」に関する相談がほとんどなのです。

どの親も子どもに「自分のやりたいことを見つけて、自分らしい人生を歩んでほしい」という理想を持っています。ただ、**いざ現実を考えると「いい学校に入って、いい企業に就職して、安定した人生を歩んでほしい」という気持ちが、あらわれてしまうのです。**学歴は人生の保険のようなものです。どの親も子どもに与えておきたい（いい大学に入っておいてもらいたい）と願うのは自然なことでしょう。

しかし、目先の受験に踊らされて「学歴主義」に陥ることは、子どもの本来の能力をつぶすことになりかねません。子ども時代を教科書知識の詰め込みや受験勉強だけで過ごしてしまうと、「習慣力」が満足に育ちませんし、自分の頭で考えるための「思考力」も身につかず、その結果「アイデンティティ」が確立できなくなるケースが多いのです。

特に韓国や中国などのアジア圏はその傾向が強く、「勉強ができればいい」という学歴偏重になった結果、子どもが自分自身と向き合うことなく大人になり、「自分のやりたいこと」や「自分の生き方」の答えがわからない、という問題によく出合います。

本来、子どもがやりたいことを見つけるには、教科書から離れる必要があります。

スポーツや音楽に真剣に取り組んだり、アートにふれたり、友だちとぶつかり合ったり、文化や年齢の異なる人と関わり合ったり。また、その中で失敗と成功を体験し、泣いたり笑ったり、悩んだり解決したりといった試行錯誤を繰り返すこと、そしてそこから生まれた「強み（特性）」が必要なのです。

賢い親たちは学校の勉強と同じくらい、スポーツやボランティア活動、芸術分野にふれる時間を重視しています。

それは、学校や塾といったコミュニティーを離れたところで作られる成功体験や人間関係が子どもの特性を高め、自信を大きくしてくれることを知っているからなのです。

□人間の成長課題を教えてくれる「ライフサイクル理論」

アメリカの発達心理学者、エリク・エリクソンは「ライフサイクル理論」という理論を提唱しています。

人間の成長には段階的なステージがあり、それぞれのステージにおいて乗り越えるべき課題を「どう克服したか」もしくは「克服できなかったか」が、その後の人間形成に影響を与えるというものです。

Points

エリク・エリクソンのライフサイクル理論

1：乳児期（0歳～2歳／課題：基本的信頼感）
2：幼児前期（2歳～4歳／課題：自律性）
3：幼児後期（4歳～6歳／課題：自主性）
4：児童期（6歳～12歳／課題：勤勉性）
5：青年期（12歳～20歳／課題：アイデンティティ）
6：成人期（就職～結婚／課題：親密性）
7：壮年期（子育て時期／課題：世代性）
8：老年期（リタイア期／課題：統合性）

＊年齢は目安。個々の成長スピードによって前後します

まず、乳児期（0歳～2歳）の「基本的信頼感」とは、親からの愛情。特にスキンシップによるふれあいです。「自分は親から愛されている」「親から受け入れられている」という

信頼感はスキンシップによって育まれます。この時期は何よりも子どもとのスキンシップを密にして、子どもを無条件に可愛がってあげることが大切です。スキンシップが足りないと子どもは「愛されている実感」を得ることができず、その後のステージに向き合う姿勢が消極的になります。

その後、幼児前期（2歳〜4歳）の「自律性」とは、「自分でやってみたい」「自分で試してみたい」という自我の芽生えです。日本では「魔の2歳児・イヤイヤ期」などと呼ばれます。この時期に自分の主張が十分に受け入れられないと、子どもは「やる気」を失ったり、反抗的な態度を身につけてしまうことがあります。大切なのは子どもが自分の意思でやろうとしていることは最後までやらせてあげること。しつけや親の都合で子どもの行動を過剰に制限することは禁物です。自律性（自分でやってみたい気持ち）が満たされれば「イヤイヤ期」はあっという間に過ぎ去っていきます。

自律性が満たされると、幼児後期（4歳〜6歳）に「自主性」が生まれてきます。「自分の好きなことをやりたい」「自分の楽しいことを追求したい」という自発的な意欲が生まれているこの時期に、スポーツや音楽など、挑戦する機会を与えると、子どもは自分の特性や人生の目標を見つけやすくなります。

次の児童期（6歳〜12歳）は「勤勉性」を身につけていく時期です。勤勉性とは自分の課題に挑戦しそれを成し遂げることで「喜びを見いだす経験」です。勉強、スポーツ、音楽、アート、ダンスなどを根気強く継続することで「勤勉性」は育ちます。

これらステージごとの成長課題が克服できると、ティーンエイジャーになって「アイデンティティ」の確立がスムーズに実現できるようになるわけです。

エリクソンの提唱する成長課題は、私が4000人以上の子どもを見てきた経験的な感覚とぴったり一致しています。こうした課題をライフステージごとで克服している子は、青年期（12歳〜20歳）での伸びが違ってくるのです。

たっぷり愛され、チャレンジ精神にあふれた子どもは自身の「強み」を見つけていき、青年期にさらに活動の場を広げていきます。そして、失敗や成功を重ねながら確固たるアイデンティティを獲得していくのです。

アイデンティティが確立すれば、たとえどんな進路を選ぼうと、子どもは自分の進むべき道を（自分で）見つけ、自分の目標を実現するためのスキルを身につけていきます。こうなれば、教育は大成功と言ってよいでしょう。

どんな学校に入るかというのは、たしかに無視できない要素ではあるのですが、あくまでも通過点であり、自分の望む人生を手に入れるための手段に過ぎません。

ところがそのことを見失ってしまうと、教育は思わぬ方向に向かってしまうのです。教育は長期的視野で行うことが大切です。今の子どもが思い通りの姿でなくても慌ててはいけません。親は右往左往せずどっしりと構え、今やるべきこと、今克服すべき課題に集中すれば、必ず子どもはたくましく成長していきます。

□受験や就職を目的にすると、なぜいけないのか

これまで、「有名学校への受験」や「有名企業への就職」をゴールに育てられてきた子どもたちを多く見てきました。

子どもが自分の意思で学校や就職先を選択するなら何の問題もありませんが、親の希望やプレッシャーで、あるいはクラスのみんなが受験するから、と選択を他人にゆだねてしまった場合は、その後に大きなトラブルが起きることが多々あります。

たとえば、いざ合格した途端に燃え尽き症候群になってやる気がなくなってしまったり、進学後に激化する競争についていけず心が折れる。また、大学を卒業して大手企業に

就職するも、キャリアの早い段階で挫折し、立ち直れなくなってしまった、などが典型的な事例です。

受験勉強一筋で生きてきた子は、勉強以外の道を学ぶ機会が少なくなります。すると、困難に出合った時のふんばりや、人間としての幅、あるいは強みが育ちづらいのです。

さらに、多様な経験と、その経験からくる自信の不足などによって「自分が何者であるか」ということへ真剣に向き合うことができません。「言われたことはできるが、自分の意思で選択することができない」、社会に出ても「自分が何をしたいのかわからない」といったことが起きてしまうのです。

そのような事態を回避するためには、子どもが自分の強みを見つけるように親が環境を整え、「子どもが自分で選んでいる」と思える仕組みを作り、上手に導く必要があります。**どのような態度を親が見せ、どんな環境を用意し、何を投げかけ、どう考えさせるか。**そのような親の習慣が、子どものアイデンティティを作るきっかけになります。

本書では、「よい習慣」「思考力」「アイデンティティ」、この3つの柱を賢い親たちがどのように作っていくのか、最新の科学研究の報告なども交えながら解説しています。

次章以降、詳しく見ていきましょう。

第2章

賢い親たちがしている習慣の教育

賢い親は、「勉強しなさい」と言わない

子どもの好きなことをとことんサポートし、自主性を尊重する

さて、ここからは具体的な教育（親）のあり方を見ていきます。

繰り返しますが、教育の3つの柱は「よい習慣」「思考力」「アイデンティティの確立」です。根底にある「よい習慣」が人間としてのベースを作り、「思考力」が選択する力を高め、一番上に「アイデンティティ」ができあがります。

まず、3つの中でおさえておくべきなのが、子どもに「よい習慣」を身につけてもらうことです。

習慣は、人の性格、メンタルタフネス、思考パターンなどを決定づけるものであり、同時にあらゆる技能（「学力」や子どもが持っている「強み」）の伸び方にも関係していきます。

よい習慣によって技能が伸びていくと、何度も成功体験が積めます。子どもは成功体験によって大きな自信（自己肯定感）を持つことができ、最終的に「自分はこんな道に進みたい」という確固たるアイデンティティを確立していけるというわけです。

□哲学・方針は伝えるが、具体的な指図は一切しない

では、よい習慣を身につけるにはどうすればよいのでしょうか？

よい習慣を身につけている子どもの親に必ず共通するのが、**「子どもの自主性を尊重すること」です。**

自主性を尊重するとはどういうことかというと、「あれをしなさい」「これをしなさい」といった命令や指示をしないこと。子どもの選択を大切にし、親が具体的な行動を強要することがないのです。もちろん、「勉強しなさい」「宿題をしなさい」とも言いません。

一方で、**子どもの好きなこと、興味のあることには惜しみない協力をし、学びの場を積極的に用意しているの**です。

アイビーリーグの名門、ペンシルバニア大学ウォートンスクールを首席で卒業したアー

ディル君（仮名）は、こう言います。

「両親は私が何をするにも私の意志を尊重してくれました。私が『何をすべきなのか』を示してくれましたが、『どうすべきなのか』は私に任されていたんです。

たとえば家族のルールとして『スポーツをすること』がありましたが、どのスポーツをするのかは私が選ぶことができました。私の選択について両親が反対したり、うまくいかなかったり、失敗した時に叱ることはなかったです。おかげで私はあるがままの自分に自信を持つことができました。

両親は『学問はどんな道を目指す上でも絶対に必要なものである』と、勉強の大切さについて教えてくれましたが、『勉強しなさい』と私に言ったことはありません。勉強をいつ、どこで、どれだけやるかはすべて私に任されていました。でも放任していたわけではなく、勉強でわからないことがあればいつも両親が助けてくれました」

このアーディル君のケースのように、賢い子が育つ家庭では親が子どもに「大枠の方針」や「人生の哲学」を伝えはしますが、「では具体的にどうするか」は子ども自身に選ばせます。そして、子どもがつまずいた時には手を差し伸べ、一緒に解決していくのです。

するとなにが起きるかというと、**子どものやる気が伸びていきます。**

自分の選んだことが（親のサポートも手伝って）うまくいくという体験を積むことで、子どもの自尊感情（自分への自信／自己肯定感）が高まり、何事にも自分で目標を設定し、その目標を達成するための努力を惜しまなくなるのです。

勉強でも習い事でも、手を抜かずに一生懸命に取り組むようになります。この**一生懸命になるということが、能力をさらに飛躍させるのです。**

先生の話を聞く時、本を読む時、問題を解く時、わからない問題に出合った時、自分の意見を述べる時、何にでも一生懸命に取り組む子どもは、必ず勉強ができるようになります。

自主的なやる気を持った子は、人が見ていない時でも手を抜かずに一生懸命勉強や習い事の練習に向き合うので、どんどん上達スピードも上がっていくというわけです。

Points

子どもの自主性を尊重する教育とは

- あれをしなさい、これをしなさい、という具体的な指示を出さない
- 守るべきルールや人生哲学を伝えて、選択は子どもに委ねる
- 子どもが選択したことについては、サポートを徹底的に行う

一方で、「あれをしなさい」「これをしなさい」と親が何においても口を出し、子どもに具体的な指示ばかりしていると、自主性が育ちません。すると、

・やる気がなくなり、物事を上達させることに意識が向かなくなる
・自分で考える習慣が身につかず、言われたことしかやらない（できない）
・人に指示されるのが嫌になり、親や大人の言うことを聞かなくなる
・挑戦しないので成功体験を積めず、自尊感情の低いまま大人になる
・何事も周囲に流されて決断するようになり、アイデンティティが確立されない

といった悪循環に陥ってしまうのです。

「言われたことをしっかりやる子」は、親にとっては「都合のいい子」に映ることもあります。また暗記が得意で、ペーパーテストではいい点数を取れることも多いのですが、問題が起きやすいのはティーンエイジャーを経て、社会に出ていく時です。

自分自身で考え、選択して物事を成し遂げてきたという自信がないので、周囲に合わせて（空気を読んで）自分の人生を選んでしまう、何かをやり切ることができず、何事も中途半端に終わってしまう……といったことが起こりやすくなります。

実際、こうした例は、特に学歴（テストの点数や偏差値）を重視する日本や韓国といったアジアの国でよく起きている問題です。

人生の目的を見つけられず転職を繰り返す、十分に自信が育っていないので、挫折を経験した時に立ち上がれなくなる……そんな若者が、実に増えています。

□自主性を尊重することと、好き放題させることの違い

では、自主性を尊重するために「何でも子どもの言うとおりにすればいい」「子どもを

放任すればいい」のかといえば、そうではありません。たとえば、ゲームが好きだから何時間でもゲームをさせていいかといえば、そうではないのです。

賢い親は、子どものそうした**興味を「特性（強み）」に発展させて、よりレベルの高いものに変換をしていきます。**

ゲームを何時間でもできるならば、その「集中力」にフォーカスして、より集中力を伸ばすための習い事をすすめる。たとえば、プログラミングを学ばせて「ゲームで遊ぶ」から「ゲームを作る」という体験をさせる、といった具合です。

しかしその際も、親が「これをしなさい」と強制しません。子どもが自分の意思でその道を選択していると思えるように親が仕組みを作るのです（この仕組み作りについては、習い事や勉強の進め方を含めてこのあとたっぷり紹介していきます）。

とにかくここで覚えておいていただきたいのは、「自主性の尊重」が子どものやる気を引き出し、自信を身につけさせる最大の秘訣だということです。

子どものやる気を高めながら親がしっかりとサポートをし、最終的に子ども自身が選ぶことによって、子どもはどんどんとたくましく、自信に満ちあふれていきます。

Points

やる気を引き出す教育とは

- 子どもの興味や得意なことを重視する
- その興味や得意なことを、明確な強みにしていく
- 子どもが「自分の意思で選択している」と思える仕組みを作る

□学びは、学校や塾で習うものではなく、「親が教えるもの」と考える

なお、もし現在進行形でお子さんが「勉強嫌い」で悩んでいる方がいれば、テストの点数ではなく、子どもの勉強に向き合う態度に目を向けてみてください。

集中力を欠いていることがすぐにわかるはずです。教科書を読む段階で集中力を欠いている場合には、子どもが勉強している内容について親も一緒に勉強してあげてください。

一緒に教科書を読み、言葉の意味を正しく理解しているのか、背景知識が十分にあるか、一つひとつ確認していくとよいでしょう。親が真剣に向き合えば、必ず子どもはつい

てきます。

これまで、様々な人の子ども時代についてインタビューしてきましたが、**優秀な人のほとんどに共通していたのが「勉強は親から教えてもらった」ということです。**

親と一緒に学ぶこと、それだけで子どものやる気は増すのです。塾や家庭教師に任せるよりも、まずは親が子どもに一生懸命付き合ってあげてください。その一生懸命さは、子どもに伝染します。1日10分で構いません。どんなに忙しいという親でもそのくらいの時間を子どもの勉強に付き合うことはできるはずです。

学びに向かい合う態度は、学校が与えてくれるものではありません。まずは誰よりも、親が与えてあげるものなのです。**子どもの習慣を作るとは、結局のところ「親がどんな習慣を持っているか」**だと、胸においていただきたいと思います。

習い事が、人生を決定づけるほど重要な理由
子どもの習慣力と特性（強み）を同時に伸ばす方法

□特性を見つけ、サポートするのが親の重要な仕事である

優秀な子が育つ環境で必ず行われていることが、習い事です。

たとえばハーバードやイェールなど、世界でも最難関大学の集まりであるアイビーリーグには、学力が高いだけでは合格できません。学校の成績がオールAでも、SATと呼ばれる大学入試テストで満点を取っても、スポーツ、音楽、アート、演劇といった課外活動に取り組んでいない生徒は（ほぼ）合格できないのです。

アイビーリーグの合格を勝ち取った生徒のプロフィールを見ると、文武両道、文芸両道はあたりまえ。勉強がトップレベルであるだけでなく、スポーツや音楽などの習い事面の技能も地域や国家のトップレベルを達成しているケースが多いのです。さらに生徒会の活

動、ボランティア活動など、忙しい学校生活の中で社会奉仕活動にも休む暇なく突き進んできたことがわかります。

日々の勉強に加えて課外活動に本気で取り組むことは並大抵の努力ではありません。しかし、忙しい中でもあきらめずに努力を継続してきたことで、「何事にも全力で取り組む」という資質がたしかに身についていくのです。

このような例を見ると「優秀な人は血筋として優秀」なのだと考えてしまいますが、もともとの才能の問題ではありません。

親がどんな強みを見つけるか、その強みを活かした習い事の選択肢を用意できるか、子どものやる気を奮い立たせられるか、サポートできるか、といったことにかかっているのです。

日本でも、多くの家庭で子どもが4〜5歳になると習い事を考え始めます。

「どうして習い事をさせるのですか?」と私の塾の父兄に聞き取りをしたところ、「子どもの可能性を広げるため」という声が一番多く聞かれました。

しかし、スポーツ、音楽、アート、ダンス、演劇など、数ある習い事のすべてを経験させることはできません。また、いろいろな分野を経験させたいからと、次々に習い事を替える（やめさせる）ことは、子どもにとって「失敗体験」を積ませることになるので、非常によくありません。

そもそも習い事の目的は2つあります。

一つは子どもの好きなこと、得意分野を見つけて「強み」を持たせること。そしてもう一つが、「習慣力・勤勉性」を身につけさせるためです。

習い事をする上でもっとも大切なのが、やり続けること。1年や2年でやめるのではなく、**小学校、中学校、できれば高校時代も通して10年以上はやり続けることが重要です。**

続けていくことで、「物事をやり抜く習慣」が力強く育ちます。

「やり抜く習慣」は、勉強はもちろん、社会に出た時にも様々な経験を乗り越えるために子どもを支えてくれる大切な力です。自ら始めたことに責任を持ち、困難にへこたれず、やり抜く。そんな姿勢を持つ人はどんな場所でも活躍していきます。

一方、この習慣が育っていない子どもは豊かな才能があっても大きく開花しません。やり抜かなければ、成功体験が積めない。成功体験が積めないと、自分に自信が持てない。いっそうチャレンジをしなくなる……といった悪循環が起きてしまうのです。

習い事はただやらせればよいのではありません。習い事を積極的に活用して子どもの人間形成につなげることが大切なのです。一生懸命に課外活動に取り組み、人と競争し、協力をし、成功も失敗も経験をする。習い事をやり抜くことは、子どもの世界を広げてくれるのです。

Points

習い事が重要なのは

- 習慣力と、子どもの特性（強み）を伸ばすのに最適
- 特に、やり抜く習慣が身につきやすい
- 最低10年続けることで、本物の自信となる（アイデンティティ確立に役立つ）
- ただし、様々な習い事を取っ替え引っ替えでは、自信は伸びにくい

□本気で取り組むことで人生を支える最高の武器となる

一般的に習い事というと、「片手間」で行うようなイメージがあるかもしれませんが、

真剣に取り組むことで真の効果を発揮します。**親に言われて仕方なく、「やらされている感たっぷり」では無意味で、あくまでも子どもが自主的に取り組んでい（ると思え）なければなりません。**

自分の力を100％発揮しなければ達成できないような困難な目標に挑み、勝ったり負けたり、成功したり失敗したり、といった経験をすることで、自信は次第に身についていくのです。

ハワイ生まれのイーサン君（仮名）は、玩具の卸業を営む父親の影響で3歳からヨーヨーを始めました。父親の熱心な手ほどきもあって6歳の時にはアメリカの有名なテレビ番組に出るほどの腕前に。地元ハワイでは「天才ヨーヨー少年」として多くのコンテストやイベントに参加する有名人でした。

そんなイーサン君も中学生となり、勉強や課外活動が忙しくなると同時にヨーヨーへの情熱も少しずつ冷めていったと言います。

そんな中、ヨーヨーの全米大会に初出場。選手はみな年上ばかりで、プレッシャーは生半可なものではありません。その大会で、イーサン君は結果を残すことができませんでした。

しかし、そのことで「(元)天才ヨーヨー少年」のプライドに火がついたのです。結果を残せなかったという悔しさをバネに、父親の指導の下、毎日3時間の猛練習を始めます。

しかし、その後も全米大会では思うような結果を出せません。高校生となり大学受験が視野に入ってくる頃、ヨーヨーをやめることを考えました。まわりから見ればヨーヨーは「遊び・趣味」であり、大学受験やキャリア選択には無関係なもの。忙しい中、必死で練習を続ける価値がないように思えたのです。

そんな姿を見た父はこのようにアドバイスしました。

「なぜヨーヨーを始めたのか思い出してごらん」

すると、イーサン君は「見に来ている人に喜んでもらえるのが嬉しいから」という原点に戻ることができたのです。

それ以来、自分のトリックを見てくれる人たちを楽しませるためにヨーヨーを続けようと決めたのです。そして、高校3年の時に出場したアメリカの地区大会で優勝。さらに2年後には全米チャンピオンに輝きました。イーサン君は現在大学に通いながらプロのヨーヨープレーヤーとして世界中で「神業」と呼ばれるトリックを披露して人々を楽しませています。

イーサン君の成功は言うまでもなく父親のサポートがあったからです。子どもの特性を伸ばし、高い目標に向かって自主的なやる気で挑み続けられるように仕組みを作る。何よりも親が子どもを信じてずっと励まし続ける。イーサン君は大学でビジネスを学んだのち、玩具開発・デザインの道に進むという夢に向かって着実に歩き出しています。

□習い事で才能を開花できるかは、親のサポート次第

このように、何かを「やり続ける」には、やはり親のサポートが必須です。

まずは、子どもが意欲を持って挑める何かを見つけてあげること。子どもの持つ強みを活かした習い事をいくつか選択肢として用意し、紹介してあげます。

子どもが自分で自分の強みや特性に気づくことは少ないですから、まずは子どもの強みの芽を見つけてあげることが親として大事な仕事です。

そして、いきなり習い事の場に放り込むのではなく、まずは技能を周囲よりも少しだけ高めてあげて、上手にしてあげてから習い事をスタートさせ、やる気を大きくするので

す。

そして、「やめたい」と子どもが言い出した時には、本当にやめてもいいのか、子どもに選択をさせます。やめるべき状況でない時には、子どもととことん話し合い、子どもの本心を確かめていくのです。

賢い親たちは、そのようなサポートを行って習い事を特技へと引き上げているのです。習い事については、このあと第3章でさらに詳しくお伝えしていきます。

Points

習い事を通して子どもを成長させるには

- 片手間ではなく、本気でやることが何より重要
- そのためには、子どもの特性に合った習い事を選ぶ必要がある
- いきなり放り込むのではなく、初歩的な技術を習得させてから参加させる
- 「やめたい」と子どもが言い出した時の対応は非常に重要

子どもを子ども扱いしないと、子どもは成長する

衝動をコントロールする教育

□自分を律することを早く身につけた子が伸びる

28ページで挙げたよい習慣の中でも、優秀な子どもが必ず身につけている習慣は、「衝動をコントロールする習慣」です。

衝動をコントロールするとは、むくむくと湧き上がってくる感情の変化に気づき、それを上手にコントロールすることです。自分を律する習慣といってもよいでしょう。

たとえば、ダイエット中なのにケーキに手を出してしまう。やらなければいけないことを先送りしてしまう。運動しなければいけないことがわかっているのにゴロゴロしてしまう。もう一杯くらいいいだろうと飲み過ぎてしまう。少しのことですぐカッとなって思ってもいないことを口に出してしまう……。

この習慣は、大人でも身につけるのが難しいものです。難しいことだからこそ、この習慣を早くから身につけることは大きなアドバンテージになります。

行動学の研究者、マーシャル・リンデン氏とマシュー・アクリモント氏が、The Journal of Nervous and Mental Diseaseに発表した２００５年の研究によると、衝動性は大きく４つのタイプに分類できると言います。

- **切迫感**：何でも今すぐやらないと気がすまない
- **計画性の欠如**：考えたり計画したりせずに行動する
- **忍耐力の欠如**：長い時間がかかるタスクをすぐにあきらめる
- **刺激・快感の追求**：刺激や快感が得られることばかりをやろうとする

今やるべきことに集中できずに他のことに心を奪われてしまうと人生が前に進まないのです。これを大人になってから改善しようとしても（不可能ではありませんが）長い時間と多くの努力が必要になります。子どものうちに身につけることで、より賢明な選択をしやすくなるのです。

では何をすればこの習慣が身につくのでしょうか？
これには大きく３つの方法があります。

1　衝動の存在を気づかせる

まずは人には「衝動がある」ということを理解してもらうことです。たとえば宿題を終わらせなければならないのにゲームに手を伸ばしてしまう子どもには、「なぜ宿題をしなければいけないのに、ゲームをしてしまうのか？」と質問してください。

すると「宿題が面倒だから」「宿題が難しいから」あるいは「ゲームがやりたいから」など、自分の気持ちについて考えることができます。そして「宿題が難しいからゲームをしているんだ」「このゲームを早く攻略したいのだ」という理由に気づくのです。すると次にゲームに手を伸ばしそうになった時、「いけない！」と立ち止まることができるようになります。

宿題が難しくて苦戦しているのであれば両親が勉強を手伝ってあげてください。ゲームが大好きでつい手が出てしまうという場合は、ゲームのない場所（居間や食卓）で勉強するなどのルールを親子の話し合いによって決めます（親が一方的に決めてはいけません）。

2　衝動をコントロールする意味を説明する

続いては、衝動をなぜおさえなければいけないのか、その意味を子どもに理解してもらいます。

怒ったり、不安になったり、焦ったり、ふざけたり、そうした衝動が起きることは人間の生理であり、悪いことではありません。いけないのは、その衝動に振り回されてしまうことです。

相手が子どもだからと思わずに「なぜ衝動をコントロールしなければならないのか」きちんと説明してあげてください。

たとえば、「友だちがゲームをシェアしてくれなかったらどんな気持ちになるか」、「自分の話を最後まで聞いてくれなかったらどう感じるのか」、「失敗をバカにされたらどう思うのか」と質問します。

すると子どもは「悲しい気持ちになる」「嫌な気持ちになる」と他者の立場から考えることを理解できるのです。

衝動で行動することによって他者にどんな影響を与えるのか、それが自分にどう跳ね返ってくるのか、それらを考えることをしつこく教えてあげてください。習慣は1回や2回の訓練では身につきません。何度も繰り返し質問することで意識できるようになっていきます。

3 衝動をコントロールする方法を教える

「Don't forget to breathe!（ちゃんと呼吸をしなさい！）」

……衝動に駆られた子どもに、親や教師がこのように声をかけることがあります。

子どもはハッと我にかえり「スーハースーハー」と深呼吸を繰り返し、呼吸を整えます。

このように、「衝動が起こった時にはゆっくりと3回深呼吸してね」など、感情を落ち着かせる方法を教えてあげることが3つ目の方法です。

そして落ち着いたら、衝動の結果がどうなるのかを考えてから行動（言動）するように繰り返し子どもに言い聞かせます。くどいようですが、1回や2回では身につきません。「衝動が起こりそうになったら深呼吸」としつこく言い続けることが大切です。

□心から納得しなければ、人は素直に学べない

このように対応することで、子どもは衝動をコントロールする術を身につけていくのですが、何よりも、これらを定着させるには**親自身にも衝動をコントロールする習慣が求められます。**子ども相手にイライラしたり、怒鳴りつけたりしてはいけないのです。

自身に衝動が起こったら、同じように深呼吸して、自分を落ち着かせ、衝動のままに動くと何が起きるか考えてから、子どもに対応することを習慣づけます。

その際重要なことが、**子どもを子ども扱いしないことです。**

子どもを一人の人格者として敬い、大人と接するように丁寧な態度で向かい合ってください。決して感情まかせにコントロールしようとしてはいけません。

子どもに論理思考力がないかといえば、まったくそんなことはないのです。**言葉で説明をして、「なぜか」を考えさせて（自分と向き合ってもらって）、納得してもらう。**その繰り返しの中で子どもは衝動に駆られてもコントロールする術を学んでいきます。

一方で、子どもを子ども扱いして、「なぜダメなのか理由を説明しない」「有無を言わせず強制する」といったことをしていると、子どもの自尊心、思考力、自分と向き合う時

間、やる気を奪う原因となり、最悪の場合、親子関係が壊れてしまうことにつながります。

子どもは自分のものではなく、あくまでも親と子という違う役割を持った対等な人間だと考えていかなければなりません。その態度が親に備わっていれば、子どもは親を人生のよき先輩として尊敬し、良好な親子関係を維持する中で自立し、自分の人生を歩んでいきます。

Points

衝動をコントロールする習慣は

- 衝動の存在を気づかせ、コントロールする意味を説明し、コントロール方法を教える
- 何よりも、親がイライラしてはいけない
- きちんと言葉で説明し、納得してもらうことが重要である

無意識の行動を、意識的な行動に変えていく

――人生は選択の連続であることに気づかせる

□人生は自分で選んでいることに気づかせる

人生は「選択」の連続です。朝早起きすることも、運動することも、本を読むことも、予習をすることも、授業中に居眠りすることも、宿題をすることも、ゲームをすることも、スマホをすることもすべて子どもが選択しています。

ただ、ほとんどの子どもが「自分で選んでいる」という意識がないのです。

「選択」研究の第一人者、コロンビア大学のシーナ・アイエンガー教授によると、一般的な人は1日に平均70の「選択」をしているそうです。1日に活動している時間が16時間だとすると、誰もが14分間に一つ、何かを「選択」していることになります。

しかしこれは、「選択」を指折り数えながら1日を過ごした場合です。実際には日常の

「選択」の90％は無意識に行われていると言われています。**つまり1日70の選択のうち「意識して選択している」ものはたった5〜6に過ぎないのです。**

たとえば、家に帰ってすぐ宿題に取り組める子どもは「勉強することを選択している」という意識があります。その一方で、学校から帰るなりスマホをいじったり、ゲームに手を出してしまう子どもは、「ゲームすることを選択している」言い換えれば「宿題しないことを選択している」ことに気づいていないのです。目に入ったゲームに（無意識で）手を伸ばしている状態です。

「自分の行動は自分で選択している」ことを子どもに意識させるには、「ああしなさい」「こうしなさい」という指示・命令をやめ、「勉強するのかしないのか、しっかり考えてあなたが選んでいいよ」と自分で考えて、選択するように伝えることが必要です。

ただし、「勝手にしなさい」「好きにしなさい」と突き放しては決していけません。親に守られているという前提があることで、子どもは難しいことにチャレンジできます。

また、選択に「優先順位」をつけることを教えてあげてください。「勉強とゲーム、どちらをいつやるのかあなたが決めてね」「ピアノの練習と学校の宿題、どちらをいつやるのかよく考えて決めてね」という要領です。やるべきこと・やりたいことに優先順位を意識できるようになると、子どもは効率的に複数のタスクをこなしていける術を身につけます。

Points

選択を意識させるには

● 無意識の行動を自覚させ、選択させる（決して強制しない）
● 基本スタンスは、勝手にしなさいではなく、「あなたならできる」
● やるべきこと・やりたいことに優先順位をつけさせる

□自分の人生を歩んでいいのだと繰り返し伝える

しかしながら、それまで「勉強しなさい」「宿題しなさい」と言われてきた子どもが突然「自分で考えて選んでいいよ」と言われても、どうしたらいいのかわかりません。

何よりも重要なことは、（大人が見て）合理的な選択をするということではなく、「自分の行動は自分で選択している」と、子どもに気づかせることです。

欧米の親たちが幼い子どもからティーンエイジャーまで、しつこいくらいに頻繁に使う表現が、「It's your choice」「It's up to you」です。

「自分で決めていいよ」という意味ですが、**繰り返し「自分で決めていいよ」と言い続けないと、子どもは自分の行動を「自分で選んでいる」ことを意識できないのです。**

人生の岐路において、どの道を選択するかによって、その後の人生はまったく違ったものになります。人の意見や目先の利益に流されてしまうのか、自分の考えを信じて行くのか、どちらが悔いのない人生を歩めるのかは明白です。

ところが、たくさんの人が本意ではない選択をしてしまいます。

その理由は、「怖いから」です。

自分のオリジナルの道を歩むのは怖いのです。みんなと一緒に歩いていたほうが安全で安心（と思い込んでいる）ので、本心にふたをして、人と同じ方向に進んでしまいます。

しかしながら、親が普段から「自分で決めていいよ」と伝えることで、子どもは自分のこと、自分の価値観、自分は何を大切にするのか、を考えるようになります。ポイントはしつこく言い続けること。人間は弱い生き物ですから、放っておくと「みんな」の意見に流されるようになってしまいます。

そうならないよう、「人生は自分で選んでよい」のだと繰り返し伝え、「何があっても私たち（親）はついている」「あなたの味方である」ということを言葉で、行動で示すことです。

そして、親自身が毎日の行動を自分の意思で選択し、まわりが何と言おうが信念を持って子どもに真摯に向き合っていくことで、子どもは自分で選ぶことの価値を体感していきます。

食事中の雑談を、何よりも大切にすべき理由

信頼感とコミュニケーション力を高める時間

□もともとコミュニケーションが得意な子どもはいない

賢い家庭で行われている習慣のもう一つが、密なコミュニケーションです。

社会に出て活躍している多くの人は、高いコミュニケーション能力を持っています。専門分野で高い能力を持っているだけではなく、人とうまく交流する力を持つことで、どんな場所でも自分のやりたいことを次々と実現していけるのです。

コミュニケーション能力とは具体的に、聞く力、話す力、独創性、相手の表情やしぐさから場の空気を察する力（非言語コミュニケーション力）など様々ありますが、家庭教育において特に大切にしてもらいたいのが「楽観性」です。

２０１０年に米国のニューメキシコ大学で４００人の学生を対象にユーモアと学力の

関係を調査する実験が行われました。空白の3コママンガにセリフを書き込むこの実験で、ユーモアを作り出す能力が高い学生ほど高い学力（言語運用能力、推理力など）を持っていることがわかりました。ユーモアはコミュニケーションを円滑にするだけではなく、学力にも密接に関係しているのです。

実際、優秀な子たちはみな気さくで、どんな人とも瞬時に仲よくなっていく適応性を持っています。そのような子たちも、当然、最初からコミュニケーションの達人であったわけではありません。

やはり、親との関わり方なのです。**コミュニケーション力も、その基盤は家族との交流の中で育っていきます。特に重要なのが「家族で食事をする時間」です。**

子どもと一緒にいる時はスマートフォンやパソコンに向かっている手を休めて子どもと話をすることが、コミュニケーション能力を養い、子どもとの信頼感を高めてくれます。

この時行うのは、「楽しい雑談」です。子どもにその日の出来事を聞き、親がおもしろおかしく話し、ただその場を楽しむことがコミュニケーション力の育成につながります。

親が自分の些細な失敗をおもしろおかしく話してあげることもよいでしょう。

悲しいこと、イライラすること、怒ってしまう出来事も、**見方を少し変えると「ユーモ**

ア」になるということを教えてあげると、子どもは悪いことや嫌なことが起きた時にも悲観的にならず、笑い飛ばせる「楽観性」を身につけていきます。

また、親の何気ない問いかけで、子どもの考える力を伸ばすことも可能です。地頭力の強い子どもは、多くの場合、家庭での過ごし方によって当意即妙の発想力、言語力を獲得していきます。

一方で、食事中の「宿題やった？」「誰と遊んだ？」「テストは大丈夫？」といった小言や尋問は、繰り返すことで子どもが親の話に聞く耳を持たなくなります。

たとえば子どもの食べ物の好き嫌いも、楽しい会話をしながら食事をする家庭ではほとんど聞かれませんが、家庭でのコミュニケーションが楽しくないと感じれば、食事に対しての興味も薄れてしまうのです。

□子どもが「何でも話せる」環境作りが重要である

家族の時間で何においても重要なのは、家族で楽しく過ごすということです。

会話が楽しければ、子どもはリクエストされずとも自ら話題を提供するようになります。子どもが勉強や友達関係や異性関係などの悩みを何でも親に相談できれば、ストレスを溜め込むことが少なくなります。また、勉強面でもわからないことを放っておくことがなくなり、学習の消化不良に陥らずに済むのです。これは、習い事の継続、進路の相談などでも非常に役立ってきます。

平日は家族全員が揃うことが難しいという場合は、週末だけでも一緒に食事をとることをルールにするのもよいでしょう。食事中はテレビを消して、その週にあった出来事を話し合います。それだけで家族関係が目に見えて良好になります。

仕事で忙しくても、せめて週末だけは子どもと一緒に過ごし、スポーツをして身体を動かしたり、釣りやハイキングに出かけたり、家でゲームをするでも構いません。「子どもと一緒の活動」をすることが重要です。そうすることで心理的な距離も近くなり、子どもは親に何でも話せるようになります。

なお、より具体的な家庭でのコミュニケーションのとり方については、第4章でも紹介していますので、あわせてご覧ください。

Points

食事の時間で大切にすべきこと

- 子どものコミュニケーション力や地頭を鍛える絶好の場になる
- テレビは観ない、パソコンやスマホはいじらないことが原則
- 食事中は楽しい雑談に徹し、小言は厳禁
- 失敗談も積極的にユーモアに変えて話す
- 家族の信頼感が高まることで、子どもが安心できる場になる

忙しくさせることで、自己マネジメント力が身につく

自己管理力、時間管理力を身につける最高の方法

□あり余ったエネルギーは、アクティビティーに向ける

「子どもがゲームばかりしている」「まったく勉強をしない」「やる気がない」……といった相談を、多くの親から受けます。

それは、ここまでお伝えしてきた親のあり方（行動）に起因しているのですが、どうしても誘惑の多い時代です。

子どもがゲームなどのメディアに夢中になってしまわないよう、また、非行に走ったりしないように多くの賢い親たちが子育てで意識していることは「暇にさせないこと」です。

子どもが大きくなってくると、ゲームだけでなく、非行、恋愛に夢中になる（なりすぎ

る）、といったあらゆる問題が出てきます。

しかしながら、それらの問題の**大本の原因は何かといえば、「時間とエネルギーがあり余っているから」なのです。**これは大人にしてもまったく同じことで、休みが長すぎればただ時間をつぶすための無意味な行動が増えます。

ですから、子どもを忙しくさせるということが、最適な方法なのです。

習い事をさせるだけでなく、家族でどこかに出かけたり、地域のイベントに出てみたり。家にこもってばかりでなく、積極的に外に出かける習慣を作っていくことで、子どもは時間をコントロールする方法を覚えていきます。

たとえば、子どもの能力を育てるには夏休みの使い方が極めて重要なのですが（詳しくは292ページで後述）、長期的なイベントを夏休みに入れる場合、学校の宿題をどのような段取りで片づけていくか、子ども自身が考えるようになります。

やらねばならないことをどう効率的に片づけて、自分がやりたいことをするか。こうした頭の使い方が身についていくので、自分自身をマネジメントする力がどんどんついていくのです。

Points

忙しくさせるとよい理由

- ゲームなどに夢中になる時間を減らせる
- 非行などの問題行動のリスクを減らせる
- 時間管理力、自己管理力を自然と身につけていける

繰り返しになりますが、この習慣は子どもだけで身につけるものではなく、まずは親がしっかりと見本になっていかねばなりません。「なぜ時間の管理ができないんだ」「なぜ勉強をしないんだ」と不満をぶつける前に、自身のあり方を見つめてみてください。

けじめをつけた言動ができているか、自分のことを棚にあげていないか、**仕事などを理由にして子どもと向き合う時間を忘れていないか**、など、見つめるべき点はいくらでもあるはずです。子どものあり方は、親のあり方を映します。

まずは親が認識を変えることが重要です。親が認識を変え、行動をあらため、一生懸命に向き合えば、子どもは必ず応えてくれます。

第3章

才能を開花させる習い事

本気で習い事をしている子どもは、勉強にも打ち込む

文と武は互いを高め合う

この章では、子どものアイデンティティの源となる「強み（特性）」の伸ばし方について見ていきましょう。

優秀な子どもたちはみな、何かしらの強みを持っています。

強みとは、専門的な知識技術だけではなく、**「負けん気が強い」「集中力がある」「素直さ」といった性格的なものもあれば、何か一つのことを真剣に続けた、という経験に裏打ちされた自信、また「〇〇が得意で人より秀でている」という認識**など、様々です。

前章でもお伝えしましたが、この強みを見つけ伸ばしていく最適な活動は「習い事」です。

優秀な子どもたちに共通することとして、みな習い事を通して特技を獲得しています。

スポーツ、音楽、アート、演劇など、課外活動に勉強と同じくらい時間と労力を費やしています。

不思議に思われるかもしれませんが、習い事に真剣に打ち込んでいる子どもは勉強もがんばれるようになります。私が見てきた例では、**真剣に習い事に打ち込んでいるほぼ100%の子どもは学力も同時に身につけていく**のです。

なぜでしょうか?

一番は、自信です。習い事によって獲得した「できる」という自信があるから、勉強にも折れることなく立ち向かっていくことができます。「できないはずがない」という自己認識が、学力の結果にもつながるのです。

では、習い事でどのように自信を獲得できるのでしょうか。

それは、習い事を単なる趣味ではなく、特技レベルまで引き上げることです。習い事で特技を身につけた子どもはセルフイメージが必然的に高くなり、「できない自分」が嫌いになるのです。そのため、できないことに出合った時に努力してできる自分にしてしまうパワーを持っています。

また、真剣に打ち込んでいることがある子は、限られた時間を有効に使うタイムマネジメント能力もごく自然に身につけていきます。

「やりたいことを思い切りしたい」から、**学校の宿題や課題などのやるべきことはさっさと終わらせようと、自主的に取り組んでいくのです。**

反対に、家でゲームばかりしている、宿題をしない、やる気がない、そんな子どもは本気で打ち込むことを見つけられていないのです。

どんな習い事が効果的か、という話は後述しますが、習い事を始めるきっかけは、「親や兄弟の影響で」ということも多々あります。

とにかく重要なのは2点で、**「本人が長く続けられること**（**長く続けることで、特技になる**）**」「本人の特性**（**強み**）**に合っていること」**という条件をクリアしていることなのです。

□「負けず嫌い」を大きな強みに変えた少女

ジュニアテニスの聖地、南カリフォルニアに住むエリッサ（仮名）は、2歳年上の姉の影響で4歳からテニスを始めました。

エリッサはメキメキと技能を伸ばし、小学校時代には南カリフォルニアのジュニアトーナメントで連戦連勝、将来を有望視されるジュニアプレーヤーの一人になっていました。

その立役者が、コーチとなった母親でした。エリッサの母親はテニス経験があり、何より彼女の性格を熟知していました。

エリッサの「負けず嫌い」という特性を活かし、競争を中心とした練習メニューを作ったのです。ラリー、ボレー、サーブ、すべてポイント制で勝敗がつくようにし、負けたらダッシュ10本、腕立て10回といったペナルティーを課すという仕組み。最初は姉に負け続けたエリッサは、この仕組みのもとで五分五分の勝負をするようになりました。

急成長を遂げたエリッサはアメリカ全土の試合に出場する選手となり、トーナメントで学校を休むこともしばしば。ですが、学業にも手を抜くことはありませんでした。「負けたくない」という気持ちが人一倍強いので、練習の合間に勉強にも真剣に取り組んできたのです。

高校ではテニス部キャプテン、吹奏楽部のコンサートマスター、登山クラブの部長を兼任。さらに高校3年生の時に受けた学力テストで全米トップ1％の成績優秀者に与えられる「ナショナルメリットスカラー」に選出されました。

そのような下地を持つエリッサは、大学も第一希望の超難関大学に合格。大学入学後もテニスを継続していますが、本人はプロを目指すつもりはないと言います。ジュニアテニス、大学テニスを通して、自分よりも才能ある選手たちと戦ってきた中で、自分なりに出した答えです。

彼女は「環境エンジニアリング」を専攻しており、将来の夢は自然環境に優しいクリーンエネルギーの研究者だと言います。高校で登山クラブに参加した経験から環境保護に強い関心を持つようになったのです。

このように、本気で何かに打ち込み続けた子どもは、誰に何を言われずとも自分でやりたいことを見つけ、そのための努力をしていきます。自分の考えで進む道を選んでゆけるのです。

しかし、親が何もせずともそうなるかといえば、多くの場合、そうではありません。

エリッサが様々な分野で才能を開花させることができたのも、親が「負けず嫌い」という特性を伸ばすことを考えた環境や教育を与えてきたからです。

習い事を始める前に、子どもの特性を見抜き、強みとして発揮できる環境を用意する。その強みをさらに伸ばせるようにサポートし、少しずつ目標を高めていく。そんな地道な行動をコツコツと積み重ねることが欠かせないのです。

では、どのように強みを見つけるのか？　その強みはどんな習い事をさせると発揮することができるのか？　この章では、習い事について見ていきましょう。

全力を出し切ることの重要性を伝える

強みを高める適切な競争経験とは

□勉強と習い事、どちらを真剣にさせるべきか？

習い事を真剣にさせていく上で、どの親も出合う問題が、好きなことだけをさせておけばいいのか、あるいは、勉強もやらせたほうがいいのかです。特に好きなことにおいて子どもの能力が高いほど、親の悩みは大きくなります。

これについては、明確な答えがあります。

それは、**「Well Rounded／均整が取れている」状態であるということ。**

勉強だけでなく、スポーツや音楽などの習い事も高いレベルでできる、均整のとれた子どもに育てること。欲張りなようですが、この状態を理想とすることが、これからの子育てには必要なことなのです。

というのも、スポーツだけ、勉強だけ、と一つのことに偏っている子どもは、学年が上がり、世界が広がり、競争のレベルが高くなっていくと、自分よりも優れた人に出会ったり、敗北を経験した時に挫折しやすく、燃え尽きやすくなります。

たとえば、学年でサッカーが一番うまくても、市内ではどうか。市内で一番でも、県内ではどうか。県内で一番でも、全国ではどうか。どんな分野でも、上には上がいるのです。競争する範囲が広がれば、それまで以上に優れた人たちと競わなければならなくなります。

勉強も同じです。どんなに勉強が得意でも必ず上には上がいます。

習い事と大きく違う点は、勉強は誰もがやることなので競争のレベルが高くなるということ。さらに、生まれつき特殊な能力を持った「先天性の天才」も学問分野には一定数存在します。ですから、その中でトップを取ることは本当に難しいことなのです。

学業やスポーツで「自分には無理だ！」という挫折を味わった時の保険として、また「こっちがダメならあっちで勝負！」と柔軟な思考を持つためにも、勉強系と習い事系、2つの強みを子どもに身につけさせることが重要です。

たとえばアインシュタインもバイオリンを長年習っており、終生バイオリンを愛しました。仕事や研究で行き詰まった時に別の分野の特技があると、息抜きにもなりますし、新しいアイデアが生まれやすいのです。

このことは学問的にも研究が進んでおり、Archives of Pediatrics & Adolescent Medicine Physical Activity and Performance at Schoolが1990年から2010年に実施されたスポーツと学業に関する14の調査の信ぴょう性を調査した結果、スポーツ活動に参加することは学業成績によい影響を与えることが確認されています。

また、トロント大学のグレン・シュレンバーグ教授が2004年に行った「音楽がIQに与える影響」では、音楽を習った生徒は、習わない生徒よりもIQが高いことがわかりました。同じくトロント大学のシルベイン・モレノ準教授が2011年に行った調査では、**音楽のレッスンを受けた生徒は、たった20日間でIQが高まることがわかりました。**その他にも音楽がIQを高めるという研究報告は世界中で発表されています。

スポーツや音楽だけではありません。アメリカの大学進学適性試験を行うカレッジボードが2001年から2005年にかけて実施した調査では、**演劇経験がある生徒は、未経験者に比べて国語のテストスコアが平均で65ポイント高く、算数のテストスコアが平均で34ポイント高い**ことがわかりました。

日本では「スポーツをしている人はスポーツが第一で、勉強は二の次」というイメージがありますが、文武両道を重視する欧米では、プロ選手の中にも頭脳明晰な人がたくさんいます。

米国のMLB（メジャーリーグベースボール）チームの一つ、「ブルージェイズ」のクレイグ・ブレスロウ投手は名門イェール大学で分子生物物理学と生化学を専攻し、ニューヨーク大学医学部への進学が決まっていた秀才です。ブレスロウ投手は勉強と野球を両立することによって、どのように物事を効率的に終わらせるか、ムダな時間を減らすためにどうするかを常に意識できる、能率のよい人間になることができたと言っています。

「勉強以外にスポーツをすることや趣味に打ち込むことは、現実の世界で成功することの準備になる。頭を本にくっつけているだけ、言葉を暗記するだけでは、他の人といっしょに働くこと、協力しあうこと、時間管理、他の人をマネジメントすることは学べない」

このように語っています。

真剣に習い事を続けてきた人は社会に出た時にいかにその経験が役立つのか、習い事の価値の尊さを知っているのです。

□競争を避けると、強みは育ちきらない

強みを育てる上で極めて重要なのが「競争」です。

ただ家庭でピアノをコツコツ練習するだけでなく、人前で演奏をしたり、ピアノコンクールに出場するなど、競争をする経験によって強みは磨かれていきます。

競争に参加することで、子どもは「自分はどの部分が優れているのか」「何が足りないのか」を知ることができます。

サッカーの試合に出れば、ドリブルがうまい、足が速い、パスが正確、キープ力が強いなど自分の強みに気づくことができます。同時にもっと練習して正確さを高めなければならないことを自覚できるのです。

また人前でパフォーマンスを披露したり、楽器を演奏する経験は、プレッシャーのかかる場面で実力を発揮する力、本番に強くなる力を育ててくれます。

競争をたくさん経験している子どもは、日頃の練習においても実戦を意識できるようになります。本番の演奏会や試合をイメージしながら練習していれば、同じ練習をしていても、周囲の子どもとは習熟度が違ってくるのです。

反対に、**「本番に弱い」「実力を発揮できない」という子どもは、競争経験が少ないのです。**

場慣れしていないからプレッシャーに負けてしまいます。また、普段の練習でも本番をイメージしておらず、「ミスをしてもやり直しが利く」という潜在意識が働くので、もともと才能があったとしても、伸び悩んでしまうのです。

□結果は二の次。本気を出すことに価値がある

ただし、競争をさせるということは、イコール一番でなければいけない、ということではありません。

子どもに競争はさせても、親は勝敗にこだわってはいけないのです。**子どもが100％自分の力を出し切ったのであれば、負けても、それは勝利と同様に高く評価することが重要です。**

「やるからには勝たねばならない」と勝敗へのこだわりが大きすぎると、子どもに恐怖心や不安感を植えつけてしまい、実力を発揮できなかったり、競争を楽しめなくなったりし

ます。また、勝つためのプレーに偏るようになり、長期的視野で子どもの技能を高めることができなくなることが多いのです。健全な競争心を育てるためには、どのようなレベルで競うにせよ、両親が「全力を出し切ればよい」という姿勢を保つことが大切です。

日本の競争には、高校野球のトーナメントに代表されるように「絶対に負けられない一発勝負」という深刻な雰囲気がつきまといます。

しかし、子ども時代の競争の目的は、本気で何かにチャレンジしたこと、自分の力を出し切ることで得られる達成感を味わわせることです。あくまでも人生の勉強なのです。優勝して一番大きなトロフィーをもらう、敗者となって悔し涙を流す、敗北から再び立ち上がって挑戦し続ける、そんな経験を子ども時代に積むことで、たくましさを獲得していきます。

また競争においては、子どもの技能レベルも重要です。理想は手の届く範囲内の競争。**自分とまわりで明らかなレベル差がある場合、子どもが劣等感を持つ可能性があります。今の実力よりも少し高いレベルで競わせることが理想です。**

「きわどい競争」ほど子どもを大きく成長させてくれます。そして、子どものレベルが一段上がったら、もう一つ高いレベルの競争環境に。さらにそこをクリアしたら、もうワンステップ上へ。これを積み重ねていくと、いつの間にか、ずば抜けて高いレベルへと到達できます。

Points

習い事で競争をさせるべき理由

- 競争を経験することで、自分の強みに（自分で）気づける
- 競争をすることで、本番に強くなる
- 基本スタンスは、「100%の力を出せば、結果は問わない」
- ポイントは、「今よりちょっとレベルが高い環境」を与えること

考えるべきは、弱点の克服ではなく、強みの強化

伸びる子どもの親がしているサポート

□弱点克服のための習い事は、楽しくないから伸びない

習い事を選ぶ際、多くの親が考えるのが「弱点の克服」です。「子どもの気が弱いから空手に通わせよう」「算数が苦手だからそろばん教室に通わせよう」「集中力がないから将棋を習わせよう」などです。

弱点の克服のために習い事に通わせることはムダではありませんが、大きな飛躍は期待できません。なぜなら、子どもにとって「うまくできないこと」は楽しくないからです。得意なことや好きなことは集中してやり続けることができますから、上達のスピードも早いのです。

まわりより抜きん出ていき、結果を出すことで自信が大きくなります。すると、それま

での自分の弱みやコンプレックスは目立たなくなっていくのです。

習い事で重要なのは、弱みではなく、強みにフォーカスし、強みを伸ばすこと。弱みに気をとられて、強みの芽をつぶしてはいけません。

習い事で強みを伸ばしていくには、次のステップが基本です。

1　子どもが、自主的な「やる気」で続けられるものを見つける
＊親が経験した習い事は子どもの「好き」になりやすい
2　子どものいい面（特性）を見つけて、伸ばす
3　周囲の子どもより少しうまくしてあげてから習い事に送り出す

まずは、子どもが好きなこと、興味があることを優先させる。さらに、子どものいい面（身体的・精神的・性格的・技術的）を伸ばしてあげる。その上で、子どもをアシストして「周囲よりうまく」することです。

たとえばサッカーが好きな子どもであれば、教室に通う前に親がドリブルやパスの練習をして基本的な技能を教えます。また、子どものいい面（性格や身体能力など）をあらかじめ見極め、そこが伸びるようにアドバイスをするのです。

すると、教室に参加した時に周囲の子どもやコーチから「君はサッカーの才能があるね！」と褒めてもらえます。

ここでスタートダッシュがうまくいくと、子どもは存分に習い事に打ち込んでいけるようになります。

□習い事も、指導者まかせではなく、親がコーチとして支える

ハワイに住むジョン君（仮名）は、親の勧めで小学1年生からテコンドーを習い始めました。

なぜテコンドーだったか？

それは、ジョン君の両親が、「身軽で身体能力が高い」というジョン君の強みを最大限活かせるスポーツは何か？　と考え抜き、テコンドーにたどり着いたからです。

両親はジョン君にアクション系の映画を見せたり、トランポリンや体操教室に通わせたりして、ジョン君がテコンドーへの興味を持つように工夫をしました。

親の思惑どおり、ジョン君はテコンドーを始めると自分が「得意」であると気づき、のめり込んでいきました。そして、自発的に練習に取り組み着実に実力をつけていったのです。

そもそも、ハワイではテコンドーをやっている子どもは少なく、サッカーやバスケットボールなどの人気スポーツに比べて競争が激しくなかったこともあり、小学校高学年の時にはハワイ州のトップジュニアになっていました。

その後、中学から私立進学校に通い始めたジョン君。勉強もトップを目指しがんばっていましたが、だんだんテコンドーとの両立が難しくなってきました。

テコンドーをやめることを考え両親に相談したところ「練習を減らしてでもいいから続けよう！」と励ましてくれました。

コツコツとテコンドーを続けたジョン君は、高校3年生の時に全米ジュニア大会にハワイ代表として出場し、4位に入賞。テコンドーでの実績が評価され、第一希望であった超難関大学にも見事合格することができました。

小学1年から高校卒業までテコンドーをやり抜いた経験は、大きな自信となってジョン君を支えています。両親は「強み」を持つこと、そして「あきらめずに続けること」の大切さを、テコンドーを通してジョン君に教えたのです。

このように、子どもの習い事を成功させるポイントは親のサポートです。**子どもにどれだけ素晴らしい素質があっても、また、どれだけ評判のいい習い事やコーチであっても、決して習い事任せ、コーチ任せにしてはいけません。**

習い事のコーチや指導者は一人で何十人もの子どもを見ています。一人ひとりの特性に合ったきめ細かい指導をすることは現実的ではありません。また、えこひいきはできませんから、指導者に任せているだけでは平均止まりになる可能性が高くなります。平均止まりでは強みにならず、また十分な成功体験が積めないのです。

□一生懸命続けられそうな環境か？　選定のポイント

習い事の成否を決めるのは、環境選びも重要なポイントです。

子どものサポートをすることを考えて、入会を決める前にレッスン現場に足を運んで見学したり、子どもに体験させてみることです。レッスンを見れば、先生の教え方や人柄、周囲の子どもの雰囲気、保護者の雰囲気などを知ることができます。

その時に、「自分がこの環境の中で、この指導者の下で、この仲間と一緒にがんばり続けられるか？」自問してみてください。親自身に環境に対する不信感や違和感があると、子どももうまく馴染めないことが多いのです。

また、子どもにとって重要なのが周囲の子どもたちの存在。「気の合う仲間」がいる環境でなければ、習い事に対するモチベーションが上がりません。

何をやらせるのかも大切ですが、子どもにとって「いい影響を与えてくれる仲間がいるかどうか」も重要な要因なのです。

子どもの性格を考慮した上で、子どもに合う仲間かどうかを見定め、そして子どもにもその仲間と一緒にがんばりたいと思うのかを確認します。親子の意見がぴったり合えば、成功する確率は高くなります。

さらに、指導者の教え方も重要。それぞれの指導者にはそれぞれの考えがあり、指導方法があります。

特に競技を始めたばかりの子どもにとって重要なことは基礎技能を定着させること。基礎技術の練習は概して単調でつまらないものですから、それをいかに楽しめるように工夫しているのかを見極めるとよいでしょう。

指導者が目先の勝ち負けにこだわっていたり、根性論やスパルタ指導に偏っているようだと、子どもが継続できなくなることが多いので注意が必要です。「長い目で子どもの成長を考えている指導者」であれば、うまくいく確率は高くなります。

Points

習い事の環境選び

- 先生、父兄、子どもたちの雰囲気に対して、自分（親）がしっくりくるか
- 子ども同士が合うか、一緒にがんばりたいと思うか
- 指導者がスパルタすぎたり、結果主義に陥りすぎていないか

人と違う部分は、すべて強みになる

強みの芽を見つけ、意識させる

□親が指摘することで子どもは自分の強みを意識しだす

前項でテコンドーで全米トップ選手になったジョン君の話をしましたが、賢い親たちは、子どもの強みを見極め、その上で習い事を選択させています。

では、強みを見極めるにはどうすればよいのでしょうか。

強みとは、言い換えれば「人とは違う部分」です。

身体的な特徴、性格、関心・興味などの部分で人と違う部分を見つけることが大切な一歩になります。

たとえば、「身体が大きい」「すばしっこい」「負けず嫌い」「集中力がある」「優しい」「社交的」「マンガが好き」「ゲームが好き」「動物が好き」「絵を描くのが好き」「歌がうまい」など、これらの特徴が強み（正確には「強みの芽」）になります。

そして、子どもにその強みを認識させるのです。「負けず嫌いは特別な才能なんだよ」、「集中力は人に負けない武器だよ」、「社交的な人は将来成功するよ」など、具体的に伝えます。**すると、子どもは必然的に強みを意識し、実際にその部分が伸びていくのです。**

その「強み」を活かせる習い事に参加させると、コーチや周囲の親からも「○○君は負けず嫌いで、強いね！」などと褒めてもらえます。

他者（特に大人）から褒められると、子どもは自分の強みへの自信を深め、その部分がさらに大きく伸びていきます。子どもの頃に親や親戚、先生から言われた「何気ない褒め言葉」は印象深く残るものなのです。

□「強み」と「弱み」は表裏一体

では、より具体的にどんな観点で強みを見ていくとよいのでしょうか？

次のリストを参考にしてみてください。

Points

子どもの才能を見つける

- 一番喜んだり、嬉しい顔をするのはどんな時か
- 一番長く集中できるのは何をしている時か
- 文字と絵、どちらにより興味を示すか
- 数字と文字、どちらにより興味を示すか
- 話すことと聞くこと、どちらが好きか
- どんなおもちゃで遊ぶのが好きか
- どんな本（マンガ）を読むのが好きか
- 誰と遊ぶのが好きか
- 一人の時に何をしているのが好きか
- 友だちと遊ぶ時にどのような役割をしているか（リーダー、仲介、フォロワー）
- 家の中と外、どちらで遊ぶのが好きか
- 友だちと遊ぶのと一人で遊ぶ、どちらが好きか
- 子どもの身体的特徴（容姿を含む）は何か
- 子どもの性格を一言で表すと

このような観点から考えてみると、子どもの強みが見えてくるでしょう。

そもそも、物事は表裏一体です。

たとえば「のんびりしている」という性格も、見方を変えれば「気が長い」「がまん強い」「優しい」といった長所になります。

「強情」は「自分を持っている」「芯が強い」「意志が強い」。「落ち着きがない」は「行動的」「エネルギッシュ」といったように、それを短所とするか長所とするかは、紙一重の違いなのです。

賢い親は、「うちの子どもはふつうだから……」などと決して言いません。その子の特徴を認め、いい面を見出し、言葉に出して褒めて伸ばしていきます。

反対に、親が子どもの悪い芽に目を奪われていると、その裏にあるいい芽がつぶされて（小さくなって）しまうのです。

間違っても、「うちの子どもには才能がない」などと言ってはいけません。その言動が子どもの才能にふたをしているのだと気づき、強みの芽に目を向け、子どもの可能性を信じて接していくことです。

理想の習い事は、スポーツとアート系の習い事を2つ

習い事の選び方のポイント

□なぜ、スポーツ系とアート系の2つなのか

賢い親は、子どもの強みを活かした習い事を選んでいることはお伝えしているとおりです。

ただ、習い事の選択で難しいのが、スポーツ系やアート系、何を選び、どれを長く続けさせるかということです。

結論から言えば、習い事の理想はスポーツ系を一つ、アート系を一つ、最低2つを小学校入学前後～高校まで通して続けることです。

「運動が苦手」という子どもであっても、スポーツは一つ継続できるものを見つけてあげることが好ましいです。スポーツは子どもの身体発達にとっても重要ですが、それ以上に

メンタルタフネスを鍛えてくれるのです。サッカー、野球、バスケットボールなど球技が苦手という子どもでも、マラソン、体操、水泳や武道という道もあります。

競争が激しい現代社会は、子どもから自信を奪う仕組みがあふれています。

困難や逆境に直面しても、逃げずに立ち向かえる強い精神を育てるにはスポーツを長く続けることが一番です。

一方のアート系とは音楽や美術や演劇やダンスなどです。できれば楽器演奏や合唱など、音楽系の習い事を何か一つやらせてあげることをおすすめします。親に音楽経験があれば、それを子どもに教えてあげるのもよいでしょう。

音楽を習い事にした子どもは一生の趣味につながることも多く、そこで出会う仲間はスポーツを通して出会う仲間とは異なり、人間関係の幅、すなわち思考の多様性を広げてくれるのです。

また、社交的な子におすすめなのは「演劇」です。演劇の技術はコミュニケーションスキル全般を向上させてくれます。まずはダンスや歌のレッスンからスタートして、演劇へと導いてあげるとよいでしょう。将来コミュニケーションの達人としてあらゆる分野で活躍できるようになります。

絵を描いたり、物を作ったりというアート系が好きな子であれば、美術館に連れていき、親子でのんびり時間を過ごします。世界の一流アートに囲まれて時を過ごす経験をさせてあげるのです。美術館に行く回数が10回、20回と増えるにつれ、アートに対する知識と造詣が深まります。

家庭でも「アート絵本」を鑑賞したり、親子でスケッチをしたり、クラフトをしたり、アートを生活の一部に取り入れます。またマグカップに絵を描かせたり、ポストカードのデザインをさせたり、上手に描けた絵を額縁に入れて飾ったりして、子どもの作品が人目にふれるような仕組みを作ります。

するとその作品を見た人が「○○ちゃんは本当に絵が上手ね！」と褒めてくれます。そして、「もっと絵が描きたい！」「もっと上手になりたい！」と自分から努力を継続するようになってきたタイミングで絵画教室やアートワークショップに参加させます。

□集団の習い事が非認知能力を伸ばす

28ページで紹介したよい習慣（中でも「やり抜く」「衝動をコントロールする」「チャレンジす

る」「知識や経験を活かす」など）を効果的に伸ばすことができるのが「集団の習い事」です。

集団スポーツ、吹奏楽、演劇、ダンスなど、まわりの子どもたちと密接に関わり合いながら共通のゴールに向かって努力を継続する、という経験によって個人競技では得られない「生きる力」が蓄積されていきます。

東京成徳大学の夏原隆之助教授が小学3年生〜中学3年生までの1581人を対象に実施した「子どもの非認知スキルの発達とスポーツ活動との関連性」調査によると、スポーツ経験のある子どもは、自制心、忍耐力、目標指向などが未経験者に比べて高いことがわかりました。

またスポーツの種目による違いでは、**集団スポーツ経験者、スポーツ活動歴が長い子どものほうが非認知能力（やる気など数値化できない能力）が高い**としています。同助教授はその理由を「周囲の仲間の存在や集団への帰属意識が影響しており、協働学習を通じて非認知スキルを獲得していると思われる」と考察しています。

日本では子どもの習い事というとピアノ、バイオリン、水泳など個人種目を選ぶ傾向がありますが、できれば集団の中で技能を向上させる環境が何か一つあるとよいでしょう。

集団活動では、一人でどれほど努力をしても、まわりとうまくコミュニケーションをとり、よい関係を構築しなければチームとしてのまとまりややる気を欠き、試合やコンテストで勝つことはできません。

そのことを知るには、集団の中で努力を継続する、という経験が一番なのです。

□活躍できる習い事を選択する

最後に、選び方のポイントとして挙げておきたいのが「活躍できる習い事」を選択するということです。

子どもが習い事で活躍するには何が必要でしょうか。その基本は、

- **子どもの強みを見極め、強みが伸びるもの**
- **親がある程度知識を持っており、子どもに教えられる分野**

という2つが基本になってきます。つまり、子どもに少なからず素質があり、かつ親も一緒になってサポートできる分野、ということです。

しかし、ここに加えてもう一つ、

・花形ではなく、隙間ねらいの習い事

という視点を持つとよいでしょう。

スポーツで言えば、競技人口の多いサッカーや野球などではなく、セイリング、アーチェリー、水球、ラクロスなど、他にやっている子どもが少ない分野を選ぶというのも手なのです。

「競技人口が少ない」とは、イコール「活躍しやすい」ということ。例でも紹介したテコンドーやヨーヨーなどはそのよい例です。

またサッカーをやるとしても、ゴールキーパーやディフェンダーなど、他の子どもがフォワードやミッドフィルダーを目指す中で、早い段階でポジションを確立するというのもよいでしょう。

習い事で、最終的に一番重要になってくるのは、同じ習い事の継続（によって大きな自信を得ること）です。

継続するには、自分が活躍できている、という実感が必要になります。

そのためには、花形の習い事が必ずしも正解ではないのです。まわりに合わせることなく、また親の一方的な希望ではなく、あくまでも子どもの強みに合わせた習い事を選択することで子どもの伸びしろは変わっていきます。

途中でやめることが、なぜいけないのか？

10年以上の継続によって得られる本物の自信

□継続による自信は誰でもつけることができる

さて、ここまで習い事について述べてきましたが、習い事をさせるそもそもの目的に立ち返ると、

・強みを大きく伸ばし、自信を身につける（アイデンティティを確立する）こと
・子どもの能力や人格を支える習慣力を身につけること

という大きく2つの目的に集約できます。

そこで何よりも重要になってくるのは、「継続」です。強みも、自信も、習慣力も、続

けることで強くなり、ゆるぎないものになっていきます。困難な出来事に出合った時も、「こんな経験は以前も越えてきた。だから自分にはできる」と思考を切り替え、ポジティブに向かっていくことができるのです。

続けることこそが、習い事の最大の優先事項と言ってもよいでしょう。

目標としては、最低10年間です。10年以上続けることで、その結果はどうあれ、子どもは「一つのことを本気でやり抜いた」という自信を獲得できるのです。この自信は、子どもがその先の挫折経験を乗り越える時に大いに役立ちます。

□「やめたい」と言い出す子どもとどう向き合うか

しかしながら、10年以上の継続を目標とすると、習い事をする中で子どもは十中八九「やめたい」と言い出すタイミングがあります。

ですが、簡単にやめさせてはいけません。

これは単なる根性論ではなく、「やめる」という選択は子どもにとっての「失敗体験」になるからです。

やれるところまでやって、子どもが自分の選択の上でやめるのであれば仕方ないのですが、多くの場合、真剣にやる前に、真剣に向き合う前にやめてしまいます。すると、**あきらめグセがつき、「自分は何をしてもうまくいかない」「自分はこんなものだ」と悲観的、あるいは平凡な選択をするようになってしまうのです。**

継続をいかにさせるかがもっとも重要なポイントであり、これはイコール「続けてもらうために親がどうサポートできるか」にかかっているのです。

賢い親たちは、決して子どもに強制することなく、しかし簡単にはあきらめさせない仕組みを作っています。

□スタートダッシュをうまく切れると、自主的に挑戦を始める

最初は喜んで通っていた習い事でも、少し経つと「もうやりたくない！」「やめたい！」と言い出す。なぜでしょうか？

それは、「うまくできないから」です。

うまくできないことをやるのは誰にとっても楽しくないのです。たとえば、まったく泳げない子どもをスイミングスクールに入れても嫌な経験、挫折感を味わうだけです。その失敗体験が「自分は泳げない」「運動ができない」といった認識につながります。

いきなりポンと放り込むのではなく、まずは家庭で基本的な技術を教え、ストロークの方法、息継ぎのタイミング、飛び込みのコツを教えてあげてから教室に入り、スタートダッシュを切らせるのが最良の方法です。

小学校時代であれば、夏休みに毎日プールに通って水泳の練習をすることで、確実にまわりの子どもたちよりも突き抜けることができます。

毎日付き合うのは当然大変ですが、特に最初の成功体験は重要で、コツコツと努力を継続し、結果を出すという経験が「自主的に努力する」というやる気につながっていきます。

物事の出だしを、親がどうサポートできるかが、子どもがその習い事についてどう感じるのかを決め、子どもの行く末を左右すると言っても過言ではありません。

□やめさせるべきなのは、子どもにやる気が完全にない場合

子どもが「もうやめたい！」「自分には無理！」と言い出した際は、冷静に子どもの「技能」と「やる気」を見極めることが重要です。

その習い事が明らかに子どもに向いていないと感じる場合は、早い段階でやめるのも一つの手です。子どもが嫌な思いを繰り返す中では、当然自信も強みも育ちません。

親が根気強く基礎練習に付き合い、場合によってはプロのコーチなどの手を借りて、それでも上達の可能性がないのであれば、子どもにとっては苦痛なだけです。やる気が残っていればいいですが、そうでなければやめる選択も必要でしょう。

環境の悪い習い事（子どもの間に上下優劣があり、従わないといじめや仲間はずれの対象になる）を選んでしまい、仲間との関係が悪いという場合は、その習い事自体は継続させて、他の環境（違うチームやグループを探す）を勧めてあげてください。

子どもが自分で選んだ習い事をやめたいと言ってきた場合は、子どもに「選択」を促します。

「自分が選んだことをやめるのはきっと悔しいね。それでもやめる？　それとも、もう少し努力してみる？　自分でよく考えて決めていいよ」と伝えて、**「やめる理由」を真剣に考えてもらうのです。**

よくあるケースは、（本人の希望は抜きに）親の希望で始めさせた、というパターンで、この場合は親の選択ミスだったことを素直に子どもに詫びます。

「やりたくないことを勝手に選んでごめんなさい！　これからはあなたの考えを尊重します」

そう言ってあげてください。そうすれば子どもはやめることが傷にならないですみます。

一方、**子どもも本人にまだやる気が残っている場合、あるいは、努力次第でその習い事がうまくなる望みがある場合は、「絶対に」やめさせてはいけません。**

家庭で集中的に練習をさせたり、個人レッスンを受けさせて、技能を周囲の子どもたちよりも上達させる努力をしてあげましょう。その挫折を乗り越えていくことで、子どもはまた一つ大きく成長ができるのです。

また親が子どもの性格に合う環境（チーム）を探す努力をすることも大切な要素です。

子どもが自分で自分に合った環境（チームやコーチ）を見つけることは難しいのです。

□家庭は、子どものやる気を充電する場になる

習い事を継続させるために、「うまくやれるようにサポートする」以外にもう一つ大切なことがあります。それは、子どものやる気が切れないように家庭でやる気を充電することです。

子どもも大人と同じで、学校で6〜7時間過ごせばストレスが溜まります。集中して勉強すれば頭脳は疲労しますし、人間関係で気をつかえば精神的にもクタクタになります。そんな疲れた時のオアシスとなるのが家庭です。

子どもが学校から帰ってきたら笑顔で「おかえりなさい。がんばったね！」とねぎらいます。開口一番、険しい顔で「宿題やりなさい！」ではいけないのです。

優秀な子どもを育てている家庭の多くは、家族円満です。もちろん、世の中に完璧などありえませんから、**親もそれぞれにストレスや問題を抱えています。それでも、子どもの前では出しません。**

夫婦が良好な関係を維持することも非常に大切で、福井大学とハーバード大学が共同で実施した調査では、日常的に両親の暴言や暴力を見聞きしてきた子どもは、脳の視覚野の一部が萎縮し、記憶力や学習に影響が出る可能性があることがわかりました。

夫婦ゲンカを一切しないことは難しいでしょうが、できるだけ子どもの前ではケンカはしないように夫婦間でルールを決めてください。

何より家庭円満のポイントは、互いの欠点には目を向けないことです。**家族全員が互いの長所を探し、「互いの欠点を理解し、補い合い、互いの長所で相手を楽しくする」こと。**長所・欠点を認め合える安心感、お互いを信じ合える信頼感が、子どもをリラックスさせ、家庭が憩いの場となり、やる気が充電されるのです。

□身近なアイドルを作ると、子どもの意識が高まる

最後に、子どもの習い事を継続させるもう一つの方法が、「身近なアイドル（あこがれの人）」を見つけることです。

たとえば野球をがんばっている子どもは「イチローのようになりたい」と大きな夢を抱

くかもしれませんが、大きすぎて現実味が湧きません。

そこで、「2つ年上の先輩」など、身近な人を目標にできると効果的です。

スポーツ、音楽、ダンス、どんな分野でも中高生くらいになると「地元のスーパースター」が出てきます。その先輩が競技や演奏をしている姿を見せてあげたり、直接話をする機会を作るなど、そうすることで子どものやる気は爆発的に高まります。

Points

習い事を継続させるには

- 「まわりよりもうまい」状態で習い事に送り出す
- 継続的に技術が上達するようにサポートする
- 子どもに合った環境（仲間・コーチ）を探す努力をする
- 家庭が憩いの場になるよう、互いの長所に目を向けるようにする
- 2つ年上の先輩など、身近なアイドルを作る
- やる気が残っている場合、練習すればうまくなる場合はやめさせてはいけない

人生の「プランB」を考えさせる

選択肢を持っていると、浮き沈みに一喜一憂しない

□プランBを持ちながら習い事に取り組むと、勉強にも一生懸命になる

習い事が特技レベルに進化していくと、子どもは本気で自分の目指す道に進みたいと考えるようになります。たとえばサッカーに本気で取り組んでいる子どもは、「将来は日本代表になってワールドカップに出る」という夢を一度は持つことでしょう。

しかしながら、日本代表を実現できるのはほんの一握りの人だけです。大多数のサッカー少年には「夢をあきらめる」という現実が待ち受けています。

人生には「プランB」が必要なことを子どもに考えさせることが必要になってきます。

強みを作ることが大切だと言いながら、「プランB」を考えさせるなんて矛盾している

のではないか、と思わないでください。

本気で取り組んでいることで挫折した時、ケガや身体能力的に乗り越えられない壁にぶつかった時は、「AがダメならBだ！」と切り替える方法を教えることは大切なのです。

たとえば、

・「サッカーでプロになれる確率はどれくらいか？」

（FIFAによると0・2％だそうです。真剣に取り組んでいる人の1000人に2人という狭き門です）

・「サッカーに関わる仕事には、何があるか？」

（審判、監督・コーチ、フィジカルトレーナー、理学療法士、スカウト、フロント、通訳、チームスタッフ、グラウンドキーパー、スポーツ雑誌の編集者、スポーツカメラマン、スポーツ解説者、スポーツ用品の開発、スポーツマネージメント会社など）

といったように、サッカーのプロ選手になる以外の道があることを考えさせます。

すると、

・「スポーツライターになれば、大好きなサッカーと一生付き合うことができる。しかし、雑誌社や新聞社に就職するには大学に行かなければならない」
・「スポーツカメラマンになれば、スポーツを間近で見ることができる。スポーツカメラマンになるには専門学校や芸術系の大学に行って、知識と技術を身につけなければならない」

と「プランB」についても考えていくと、より現実的なところに目を向け、勉強や専門知識を深めていくことの大切さに気づいていきます。

□現実的な目標に落とし込むことで、余裕が生まれる

多くの子どもは、スーパースターばかりに目がいき、それを支えているたくさんの職業には意識が向きません。その証拠に小学生の頃に将来なりたかった職業アンケートでは

「スポーツ選手」「歌手・ミュージシャン」「芸能人・タレント」「漫画家・アニメーター」「料理人・パティシエ」「作家」など華々しい仕事ばかりが並びます。

ですが、「映画俳優になりたい」と夢を持つ子どもがいれば、歌やダンスを習わせるだけでなく、映画を作るためにどれだけの人が関わっているのか、映画作りは俳優だけでは成立しない、ということを教えるのが賢い親です。

監督、脚本家、記録、撮影、照明、録音、小道具、衣装、美術。さらに言えば、映画を配給したり、宣伝する仕事も必要ですし、映画を上映する映画館での仕事もあります。

「映画俳優になりたい！」という子どもには、夢に関わる仕事を見せてあげること、体験させてあげることで、より現実的な目標を持てると同時に、「自分は何を学ぶべきか？」という勉強面での答えも見つけることができるのです。

本気で競技に打ち込んでいる子どもに「プランB」を考えさせるのはどうかと思うかもしれませんが、子どもの責任者である親としては当然の仕事です。

プロサッカー選手になれなくても、サッカーに関わる仕事はいくらでもある。子ども時代にそこまで考えさせることで、ただ夢を見るだけでなく、より具体的な将来の目標を持てるようになります。

「自分にはこれしかない」ではなく、「ダメでも、他にこんな道がある」とあらかじめ考えておくことは人生の選択肢を広げることになるのです。

プランBを考えられる子どもは挫折体験にも強く、目標を叶えるための手段を建設的に考え、その都度全力を尽くすことができます。

この習慣は、仕事をしていても、人生のあらゆる局面で有効です。

勉強でも得意科目を一つ持つ

——勉強嫌いにさせないために

□得意科目がなければ、学校が拷問の時間になってしまう

さて、ここまで習い事の話をしてきました。

ですが、最後に一つ。文武両道に育つ子どもの共通点を紹介しておきましょう。

それは、どれだけスポーツや音楽で秀でた才能を持つ子どもでも、勉強で「強み」を一つ以上持っているということです。

すべての子どもは、毎日5～6時間学校で授業を受けなければなりません。**得意教科を持っていなければ、勉強へのモチベーションがどんどん低下してしまいます**（泳げない子どもを毎日プールに5～6時間入れておくようなものと私は父兄に説明しています）。

たとえば国語や社会が苦手でも、算数が得意であれば何とか学校の授業についていける

のです。「自分は算数が得意だ」という気持ちが「自信」となり、弱点を補ってくれるからです。

勉強系の強みは、一つの教科で十分です。さらに言えば、一つの教科の中でも「計算が得意」とか「図形が得意」で構いません。

教科の一部分でも得意なことがあれば自信につながります。得意分野から発展させて教科全体、勉強全体を得意にすることはまったく難しくありません。

本が好き、文章を書くことが好きという子どもなら国語。動物や昆虫が好きな子は理科。料理が好きな子も理科。パズルやゲームが好きな子は算数。プラモデルや機械が好きな子はエンジニアリング。

そうして、子どもの興味を学問分野へと導いていくのは親の仕事です。家の内外で子どもの好奇心を大いに刺激してあげることが重要になります。

□小学校時代に「博士」にさせることが、勉強好きにさせるコツ

得意教科を持たせるコツは、小学校時代に、子どもを「〇〇博士」にすることです。昆虫博士、動物博士、地理博士、コンピューター博士などの評判を子どもが得ることができれば、自主的にその分野の知識を深めていくようになります。

そこから発展させて学問との関連性、つまり世の中のあらゆる事象の背景には学問が存在することを教えてあげれば、子どもは勉強することの意味を実感として理解できるのです。

賢い親たちは子どもに「勉強しなさい」「宿題しなさい」「プリントしなさい」と決して言いませんが、自主的に勉強をさせる仕組みを作っています。

たとえば、小さな子どものおもちゃ箱にはブロック、パズル、レゴ、科学おもちゃなど知的好奇心を刺激するおもちゃを詰めています。さらに、トランプ、百人一首、UNOなどのカードゲーム、そして、モノポリー、チェス、オセロ、将棋などのボードゲーム。これらのアナログゲームは子どもの思考を育てる最高の教材です。

実は勉強ができる子は、家族でボードゲームやカードゲームで遊んだ経験を多く持っています。

小さい頃から「思考」を鍛える遊びをたくさんすると、集中力、イメージ力、予測力、問題解決力が発達しますから、当然、学業にも強くなるのです。

また、子ども専用の本棚を作り、そこには様々な図鑑がそろっています。動物図鑑、魚図鑑、昆虫図鑑、食べ物図鑑、宇宙の図鑑、恐竜図鑑、人体図鑑、植物図鑑などで自然科学面の興味を引き出すのです。もちろん図鑑以外にも、子どもが好きな本や小説も並べておきます。**子どもが一人の時にどんな本を読んでいるのか、子どもの「好き」を見極めるために本棚を充実させることが理想です。**

子どもが一人で遊んでいる時の様子を観察すると、興味あること、好きなことがわかります。そうしたら、その分野に関連した知識や経験を、遊びや親子の触れ合いの中でどんどん広げていくのです。

動物が好きな子どもであれば、動物の興味深い知識が詰まった本を与えれば、自分からどんどん勉強していきます。パズル（考えること）が好きな子どもには、算数パズル、数独、囲碁や将棋の本。漢字が好きな子どもには漢字検定を受けさせたり、漢字アプリで自主勉強できるように環境を整えていきます。

Points

勉強を好きにさせるには

- 「好きなこと」を入口に、学問分野にシフトさせる
- 子どもの興味を探るには、各種おもちゃを用意し、遊ばせる
- 本棚を充実させ、どの分野の本が好きなのか観察する
- 遊びの延長線上で、好きな分野の勉強を始める

□学習塾に放り込んでも、勝手に成績は上がらない

なお、小学校4年〜5年生になり中学受験が視野に入ってくると、どの家庭でも考えるのが「学習塾」です。**塾というのは、親がサポートできない分野・レベルの学習補助が必要な時に活用するもの**だと私は考えています。

塾に通わせているから勝手に学力が伸びて、志望校に合格できるということはありませ

ん。

塾の手を借りるとしても、基本は家庭でもサポートを与えなければ、塾の効果は期待できないのです。

スポーツや音楽と同様、塾に丸投げしても、子どもの学力は平均止まり。突き抜ける子にするには家庭でのコツコツとした努力が必要です。

たとえば親が英語が苦手であれば、英語塾のサポートは必要でしょう。また特別な対策を要する超難関校の受験や、親が教えられないようなハイレベルの数学や科学分野では家庭教師などの助けが必要になることもあります。

しかし、**小学校レベルの学習であれば、親がサポートすることが望ましいのです。子どもの学力を伸ばすには身近に「わからないことを聞ける人」の存在が必要です。**

学校の授業や宿題でわからないことがあった時、いちいち塾に聞きに行くことはできません。また多くの子どもが恥ずかしがってわからないことを人に聞かずに、放っておいてしまうのです。わからないことを「わからないままにすること」が学力不振に陥る最大の原因です。

親が常日頃子どもの学習サポートをしていれば、子どもはわからないことを親に気軽に聞くことができます。わからないことを放っておくことがなくなるのです。

私の経験から言えば、勉強面で突き抜けている子どもは、ほぼ100%小学校時代に親から勉強を教えてもらっています。塾や家庭教師を頼る前に、親が子どもの勉強に責任を持つ覚悟を持ちましょう。小学校時代の勉強面のつまずきであれば、親が本気でサポートすれば、短期間で改善することができます。

□親の努力によってマルチな才能を開花させた

中国系アメリカ人のマイク君（仮名）は文武両道を地で行く天才少年です。

高校3年生の時には全米でトップ160人の高校生が選ばれるプレジデンシャルスカラーを獲得。ホワイトハウスに招待され、バラック・オバマ前大統領から表彰状を受け取りました。

他方、課外活動ではテニスのトップジュニア、チェスの州チャンピオン、オーケストラの第一オーボエ奏者として大活躍。多彩な才能を持つ万能人です。

しかしマイク君は、生まれつきの天才ではありません。コツコツと努力を重ねて天才を勝ち取った人なのです。

そのカギは、小学生時代にあります。

マイク君はテニス好きの父親と一緒に幼少の頃からテニスを楽しんでいました。また父親がボランティアコーチを務めるテニスチームのメンバーとしてリーグ戦に出場。様々な年齢・タイプの相手と数多くの競争経験を積んできました。

アジア人は体格的に不利な部分がありますが、テニスでは正確なショットコントロールと戦略があれば、どんな強い相手にも勝てる可能性があります。相手の弱点を見抜き、そこをしつこく攻める頭脳テニスを父親から教わったことで、マイク君は実力を伸ばしてきたのです。

さらに、チェスも家族共通の娯楽でした。家族はいつも真剣勝負を行い、チェスを通して相手の立場で考える力、先を読む力、衝動をコントロールする力、勝負強さなど、勉強にもテニスにも応用できる力を身につけたのです。

一方で、勉強面と音楽面のサポートは母親の仕事でした。科学が好きだったマイク君の興味を伸ばすことを考え、ロボティックスやマスリーグなどの習い事へ参加させ、母親も精一杯サポートしました。毎日の音楽の手ほどきも母親がしました。

結果的にマイク君は超難関大学に進学。将来は工学、情報技術、そして医学を融合させ世界中の人々を救う仕事をしてみたいという壮大な夢を持っています。

両親が自分たちの得意分野を活かして子どもの成長をサポートし「特技」を身につけさせる。まずは一つの好きなことから始め、それを強みにし、成功体験を積ませ、さらに強みを伸ばし、自信をつけさせる。このプロセスは、勉強も習い事もまったく変わりません。努力を継続すれば道は開かれる、ということを肌で体感できた子どもは、このようにあらゆる分野に積極的に挑戦するようになるのです。

第4章

思考力を伸ばすのは、「問い」である

親のバイアスが、子どもの人生を縛ってしまう

――すべての選択をゆがませるもの

□自分のバイアスを疑う習慣を身につける

さて、この第4章と第5章では、思考力について見ていきましょう。第4章では、思考力のうち「クリティカルシンキング」を。第5章では、「地頭力」の養成について見ていきます。

おさらいをすると、そもそもなぜ思考力が必要なのでしょうか?

その真の目的は、学力を伸ばすためではありません。多くの情報があふれる中で、自分で考えて、自分の責任で人生を選択する、自分の天職を見つけていくために必要だからです。

「たった1%のバイアス（思い込み）が、意思決定に大きな歪みをもたらす」

これは、Googleの人事担当者、ブライアン・ウェル氏の言葉です。Googleの採用では、長らく学歴が仕事のパフォーマンスに影響すると信じられてきました。ところが社内調査をしたところ、学歴とパフォーマンスは比例しないことが判明したのです。

「アイビーリーグやスタンフォード出身の学生は優秀だ」という「バイアス（思い込み）」によってミスマッチの人材を採用したり、本当に会社に貢献してくれる才能ある人材を見落としていることがわかり、以来、Googleでは採用において出身大学を見ることをやめました。

バイアスはありとあらゆるところに潜んでいます。たとえば、

・男の子よりも女の子のほうが育てやすい
・男の子は男らしく、女の子は女らしく育てるべきだ
・これからの社会は、ＩＱ（認知力）よりもＥＱ（非認知能力）が大切だ
・英語は6歳までに教えなければ身につかない

これらは子育てに関わるバイアスの例です。性別に関わりなく子どもが育てやすいかどうかは親の主観です。男らしさや女らしさも主観です。ＩＱとＥＱはどちらも大切です。6歳を過ぎてから英語を身につけた人はたくさんいます。

親が自分の中にあるバイアスに気づかずに、たとえば「男の子は育てにくい」という言葉を鵜呑みにしてしまうと、「育てにくい」という先入観が定着してしまい、本当に男の子の子育てを難しくしてしまうのです。

この章でお伝えする「クリティカルシンキング」とは、物事の本質を見抜く思考です。この思考は、自分のバイアスに気づくことからスタートします。

「あたりまえ」「常識」「普通」「〜べきだ」「絶対」という言葉を見聞きした時（心に浮かんだ時）は、「本当か？」「根拠は？」「思い込みではないか？」と思考を疑うクセをつけていくことが必要なのです。

□「英語は母語が確立してから」を鵜呑みにした結果

父親の仕事でアメリカに住むことになった日本人家族。その一人娘のサチちゃん（仮名）

は4歳です。

子どもには英語を身につけさせたいけれど、まずは思考の土台となる日本語をきちんと身につけてほしい、両親はそう願っていました。育児書で読んだ「英語環境を与えるのは母語が確立してから」という言葉に説得力を感じ、家庭で完全日本語環境を作ることを決意したのでした。

家中の壁にひらがなや漢字チャートを貼り、本棚には日本語の本を並べ、テレビの日本語チャンネルを流しっぱなしにしました。さらに、サチちゃんを日本語幼稚園に入れて、友だちも日本人だけという日本語環境を（アメリカで）作り上げたのです。

努力の甲斐があってサチちゃんは日本語がペラペラになり、日本語の本も一人で読める子どもに育ちました。

そして6歳になり、日本語幼稚園を卒業したサチちゃんは現地アメリカの小学校に通うことになりました。両親は英語力に対する不安がありましたが、周囲の親たちの「現地校に入れておけば英語は大丈夫よ！」という言葉を信じて楽観していました。

ところが、現地校に通い始めてからサチちゃんは日に日に元気がなくなり、目に見えてふさぎ込むようになってしまったのです。

心配した両親が担任の先生に相談に行ったところ、「サチは英語が話せないので授業中は静かにしている。クラスメートが話しかけてもわからないようで困った顔をしている。休み時間はいつも一人でぽつんとしている」というショッキングな話を聞かされたのです。

アメリカの学校に初めて通う時、英語力が不足している子どもは「自分はできない」と自信喪失します。特に日本語で成績優秀であった子どもほど「できない自分」との間に大きなギャップを感じて落ち込むのです。

つまり、子どもをバイリンガルに育てるには、日本語と英語、日本文化とアメリカ文化、バランスの取れた言語と文化環境を与えることが必要なのです。偏った言語や文化環境は子どもの異文化適応を難しくしてしまうのです。

□親のバイアスで、子どもの人生を左右させてはいけない

このように、子育てほどたくさんのバイアスが横行している世界はありません。親が氾濫する情報や周囲の意見に流されて意思決定をしてしまうと、子どもが右に左に引きずり

回され、結果としてやる気をつぶすことにつながってしまいます。子ども不在の押しつけ教育や放任教育の不幸な結末を私自身も嫌というほど見てきました。

賢い親たちは、そのようなバイアスに惑わされず、目の前にいる子どもを直視して軸のブレない教育を実践しています。**子どもの個性、関心、興味、好きなこと、得意なこと、身体的特徴などからいい部分（特性）を見つけて、その部分を伸ばすことに注力しているのです。**

つまり、いい子を育てるには親がバイアスにとらわれない努力が必要になります。男の子だから、女の子だから、長男だから、長女だから、母親はこうあるべきだ、有名な学校に入れるべきだ、そんな思い込みが子育てを歪めていきます。

クリティカルシンキングは、「批判的思考」と表現されることもあるので、「あら探しの思考」や「あげ足取りの思考」と感じてしまうかもしれませんが、その本質は**「物事を無批判に受け入れず、客観的かつ多面的に吟味し、自分にとってよりよい意思決定をするための思考法」**です。

この思考力を身につける最大のコツは、多面的に「問い続ける」ことです。

たとえば習い事を決める時は、「長所を活かせるか？」「今必要か？」「性格にマッチしているか？」「自信をつぶさないか？」「長く続けられるか？」と、自分自身に、またはパートナーと問いを重ねていきます。

この問いこそが、クリティカルシンキングを身につけていく最良の方法です。親は子どもに問いを重ねながらも、自分自身がバイアスに惑わされていないか。自分自身への問いかけも忘れずに継続していってほしいと思います。

問いを重ねることで、思考は洗練されてゆく

クリティカルシンキングを身につける方法

□よい質問は、子どもの思考を深くする

前項、バイアスから脱すること（自分自身に問うこと）の重要性をお伝えしました。そもそも、親がこの習慣を日常的に意識していないと、子どもがクリティカルシンキングを身につけるのは至難の業です。親がクリティカルに考え、子どもにも「考える」質問をする。これを実現するためにクリティカルシンキングが学校教育に組み込まれているアメリカの例を見ていきましょう。

アメリカの学校では小学校から、国語、算数、理科、社会、すべての教科学習の中でクリティカルに考える指導が取り入れられています。先生が一方的に教科書知識を講義する日本の授業スタイルとは異なり、生徒を能動的にディスカッションに参加させ、気づきと

理解を引き出していく授業スタイルが主流です。

たとえば小学4年生の理科の授業。脊椎動物について勉強している時、先生は子どもたちに質問します。

「ハ虫類と両生類、どこが似ているか教えてください」

すると、子どもたちは一斉に手を挙げます。

「どちらもたまごを生む」「どちらも肺で呼吸する」「どっちも気持ち悪い！」「どちらにも目がある」「どちらにも手足がある」

これを受け、先生はさらに問いを重ねていきます。「本当にどちらもたまごを生みますか？」「本当に手足がありますか？」「本当に気持ち悪いですか？」

子どもたちは「カエルに手足はあるけど、へびには手も足もない！」「ボクはトカゲは気持ち悪くない！　気持ち悪いというのは主観です」と思考を深めていきます。

自分の考えだけでなく、他者の考えにふれることで、生徒たちは自分の思考の偏りや思い込みに気づくと同時に、学習内容についての理解を深めていくことができるのです。

たとえば日本の歴史の授業では、「桓武天皇が794年に平安京に都を移した」という史実を教えることに重点が置かれます。

これがクリティカルシンキングを取り入れた授業になると、「桓武天皇はどんな人だったのだろう？」「どんな社会背景だったのだろう？」といった「問い」を重視します。すると、子どもたちは「なぜ桓武天皇が都を移したのか？」という答えに自らたどり着くことができるのです。

もちろん学校教育の中でだけ行われているのではありません。

優秀な子が育つ家庭では、家の中でクリティカルシンキングが鍛えられています。といっても、特別なトレーニングを行うのではないのです。ポイントは親の「雑談力」と「質問力」です。

良好な親子関係を築き、親子の何げない雑談の中に「問い」を増やして、子どもに考えるきっかけを与える。すると、子どもは自分で批判的に考えるようになります。

次項からは、そのポイントを順々に見ていきましょう。

問いによって、思考の偏りに気づかせる

クリティカルシンキングの鍛え方1

クリティカルシンキングを身につけている家庭で行われているのが「問い」で、まずはこの量を増やしていくことが最初のステップになります。

子どもとの会話の中に「なぜ?」「本当?」「どうして?」「どんなふうに?」「教えて?」「説明して?」という「問い」を増やしていくことで、子どもは「なぜだろう?」と自分の思考について深く考える習慣を身につけていくのです。

さらに、子どもは質問に答えることで自分の考えを言葉でわかりやすく表現する訓練を積んでいきます。

子:ペットを飼ってもいい?

親：どうしてペットが飼いたいの？
子：かわいいから！
親：どんなペットを飼いたいの？
子：子犬
親：どんな子犬なのか具体的に教えてくれる？
子：これくらいの大きさで、毛がふさふさで、吠えない子犬
親：ペットを飼ったらどんなことをしてあげたい？

といったように問いを重ねることで会話を広げていくのです。

小さい子どもの答えには突拍子がありません。そこでよく起こりがちなのは、バカにしたり、訂正したり、親の意見を押しつけたり、といったことです。

しかしながら、決して親自身からは答えを言わない、訂正しない、バカにしないことが重要です。

上手に質問を重ねて、子どもが自分の思考の偏りに気づくように導く。それが、クリティカルシンキングを鍛えるコツです。

答えのない質問（オープンエンディド）をする

――クリティカルシンキングの鍛え方2

□イエス・ノーで答えられない質問が大事である

「ＹＥＳ・ＮＯ」で答えられる問題をクローズドエンディド、「ＹＥＳ・ＮＯ」で答えられない問題、正しい答えがない問題をオープンエンディドと呼びます。

クリティカルシンキングを鍛えるのに効果的なのがオープンエンディドの質問です。

たとえば「今日学校楽しかった？」という質問は「ＹＥＳ・ＮＯ」で答えられるのでクローズドエンディドです。これでは話が「うん！」「べつに」だけで終わってしまいます。

一方オープンエンディドは、

・「今日先生の話の中で一番おもしろかったことを教えてもらえる？」
・「休み時間の一番楽しい過ごし方を教えてくれる？」
・「今日一番笑った話を教えてもらえる？」
・「クラスで一番おもしろい子について教えてくれる？」
・「担任の先生について教えてくれる？」

といった質問で、これらの質問に答えるには、記憶を呼び起こし、それを言葉にして説明しなければなりません。つまり「深い思考」が要求されます。

ただし、やたらと質問をすればいいわけではありません。**ポイントは「楽しい話」「ポジティブな話」を話題にすることです。**

「学校で嫌だったことを教えてくれる？」「意地悪な友だちのことを教えてくれる？」「悲しかったことを話してくれる？」というネガティブな話題では、子どもは話したくなくなります。嫌なことなどわざわざ思い出したくないのです。

賢い家庭では、楽しいポジティブな質問のやりとりで子どもの思考を育てています。

・「電気がなくなったら一番困ることは何だろう？」
・「犬を見たことがない人に犬を説明できる？」
・「インターネットを知らない人にインターネットを説明できる？」
・「世界で一番大切な仕事ってなんだろう？　自分だったらその仕事をしたい？」
・「視覚、聴覚、味覚、嗅覚、触覚、一つだけで生きるならどれを選ぶ？」
・「家に一人でいる時に、泥棒が入ってきたらどうする？」
・「理想の学校とはどんな学校だろう？」
・「自分が親になったら子どもに何を教える？」
・「宝くじがあたったらどうする？」
・「どんなスーパーパワーが最強だと思う？」
・「映画を作れるとしたらどんなストーリーにする？」

といった質問は、子どもの思考を鍛えると同時に、子ども自身が自分の好き嫌いや価値観を知るきっかけになります。

子どもの「何で？」を引き出す問い

クリティカルシンキングの鍛え方3

□日常の中の「何で？」を引き出す

賢い親は、子どもの好奇心を引き出すのが上手です。

子どもは成長の過程で知りたいこと、わからないこと、理解できないこと、不思議なことに出合うと、「何で○○なの？」といった質問をします。

この時、**子どもの質問に親がきちんと答えることで、子どもは気になることをどんどんと口にするようになります。反対にしっかりと答えないと、わからないことをわからないままにする習慣が身についてしまう**のです。

子どもの疑問を引き出すポイントは、普段の雑談の中にあります。

食事の時に、「お箸はどうやって作るのだろう？」「タマネギを切ると涙が出るのはなぜだろう?」「どうして洗剤で油が取れるのだろう?」「ゴミはどこに行くのだろう?」「電子レンジで食べ物が温かくなるのはどうしてだろう?」「氷はどうして水に浮くのだろう?」など、目に入るものについて話をすると、子どもは身のまわりの不思議について「なぜだろう?」と考えるようになるのです。

「トイレに流した水はどこに行くんだろう?」「蛇口から水が出る仕組みはどうなっているのだろう?」「テレビはどうして映るんだろう?」「月はどうしてついてくるのだろう?」「鳥はどこまで高く飛べるのだろう?」「何で勉強するのだろう?」「1年は何で12ヶ月なんだろう?」「1日は何で24時間なんだろう?」

こうした疑問は、親にとっても答えられないことが多いものです。親がわからない時は見栄を張らずに、子どもと一緒に調べる(考える)ようにします。

素朴な疑問に対して、「人に聞くのは恥ずかしいことではない」と、しつこく子どもに伝えることがポイントで、わからないこと、不思議に思うことを放っておくこと、知ったかぶりをすることの方が恥ずべきことであると学ばせるのです。

また、人に聞くだけでなく、自分で調べる方法についても教えます。

インターネットや百科事典などを活用して、日常生活の中で抱く疑問を調べることを習慣にするのです。スマートフォンを使ってもよいでしょう。

ポイントは「クリティカル」であること。情報を鵜呑みにせずに、「本当か？」と自問するように導くのが親の腕の見せどころとなります。

親が決めるのではなく、小さな選択をさせる

クリティカルシンキングの鍛え方4

□選択をする練習が、大きな決断を可能にする

思考力を伸ばす上で欠かせないのが、選択です。

人生において大きな決断・素早い判断を可能にするのは、やはり習慣であり、賢い家庭では幼い時から子どもに選択をさせています。

選ぶという行為は「深い思考」が必要になりますが、当然、最初から大きな判断はできません。ポイントは、日常の小さな選択です。最初は2つ、3つの選択肢を与えて選ばせます。

たとえばアイスを選ぶにも、「バニラ、チョコ、ミックスアイスクリームの中から食べたいものを選んでいいよ」と親が選択肢を用意することで、子どもは見た目、味、気分、

過去の記憶などから選ぶ理由を探します。

「チョコが好きだけど、バニラも捨て難い。両方を楽しめるのはミックスだ！」といったように、自分自身で考えさせるのです。

ただし、ただ選ばせただけで終わりではありません。選ばせた後に検証させることをセットにすることが効果的で、選択の結果を検証する習慣を作ります。

「ミックスを食べてみてどうだった？」→「美味しかった！」

「次もミックスを選ぶ？」→「次はチョコかな！」

「どうして？」→「やっぱりチョコが好きだから！」

と、選択した結果を深掘りしていくことで、子どもは自分の好みを確認していくことができます。

小さな子どもであれば、服や靴やカバンなど、身のまわりのものを選択させます。外食の際も、食べ物や飲み物を子どもに選ばせるのです。たとえば「1000円以内で好きな物を選んでいいよ」など予算を決めて選ばせるとよいでしょう。

小学校中学年以上の子どもの場合には、家庭の重要な選択に子どもを参加させます。「新しい冷蔵庫はどれを選ぶべきか」などを親だけで決めるのでなく、子どもにも参加させ、一緒に考えるのです。

機能、デザイン、サイズ、値段などをチラシやインターネットを参考に比較して、家にとってベストな冷蔵庫は何か？　を考えていく、という具合です。夏休みなど長期休みの家族旅行プランを子どもに決めさせるのもいい思考訓練になります。

本を「能動的に」読むための問い

クリティカルシンキングの鍛え方5

□本をただ読ませるだけでなく、問いで深めていく

次章でもお伝えするのですが、思考力を鍛えるメソッドとして本は欠かせません。優秀な子が育つ家庭では、ほぼ100%の確率で「子どもの時から本を読んでいた」という経験を持っています。

本を読むというのは非常に能動的な作業であり、想像力、共感力、論理力、分析力、情報収集力など、様々な能力を養ってくれるツールです。

では、どのようにして本好きにさせているのでしょうか？

幼児から小学校低学年の子どもの場合、「読み聞かせ」が基本です。この読み聞かせ、普通は本を読んであげたらそれでおしまいです。

しかし、もう一歩進んで本を材料に子どもの思考に働きかける「問い」をしていきます。

「どういうお話だったかママに教えてもらえる?」「この絵の中には何があるかな? 誰がいるかな?」「この人たちは何を話しているのかな? これから何をするのかな?」「この人はどういう気持ちだろう?」「この絵の場所はどこだろう? 季節はいつだろう?」

イラスト、ストーリー、登場人物、情景、感情などについて、子どもの考えを説明してもらいましょう。観察する力、分析する力、推察する力、表現する力など、思考に関わる様々な能力を育てることができます。

小学生以上の子どもには自分で読んだ本について、親が質問してみましょう。たとえば「浦島太郎」を読み終わった子どもに、以下のような質問をしてみます。

- 「なぜ太郎は海の中で息ができたのだろう?」
- 「なぜ乙姫さまは開けてはいけない玉手箱をお土産に渡したのだろう?」
- 「乙姫さまはいい人? それとも悪い人? その理由は?」
- 「どうして太郎は玉手箱を開けてしまったのだろう?」

・「自分が太郎だったら、玉手箱を開ける？　開けない？　その理由は？」
・「太郎が玉手箱を開けなかったら、ストーリーはどうなっていただろう？」
・「亀を助けた太郎がどうして不幸になってしまったのだろう？」

他にも、三匹の子豚、シンデレラ、羊飼いの少年、マッチ売りの少女、白雪姫、ヘンゼルとグレーテル、みにくいあひるの子、ジャックと豆の木などの童話や欧米のおとぎ話はクリティカルシンキングに使える「ツッコミどころ」が満載で、思考のトレーニングに役立ちます。

インターネット広告や勧誘メールについて考えさせる

クリティカルシンキングの鍛え方6

□情報を鵜呑みにしないための習慣

「1日30分で月10万の副収入！」「ビットコイン投資で1万円が1億円に！」そんな勧誘メールが毎日のように飛び込んできます。これらを子どもと一緒に読んで、意見交換をするのもクリティカルシンキングのいい教材です。

「ビットコインを買うと、1万円が1億円になるんだって！　そんなことあるかな？」と聞けば、子どもは「ビットコインって何？」と食いついてくるでしょう。そうしたら一緒にビットコインについて調べて、意見交換をしていきます。

このような広告やメールに限らず、インターネットはクリティカルシンキングを鍛える最適の場です。子どもが情報を鵜呑みにせず、正しい判断ができるように、実社会に潜む罠について教えてあげてください。

・「誰が書いているのか?」
・「著者の背景は?」
・「その情報は事実なのか、著者の意見なのか?」
・「何を根拠にしているのか?」
・「何を意図しているのか?」
・「著者にバイアスがかかっていないか?」

など、インターネット上の情報を再検証することを子どもに教えてあげます。

□親がニュートラルを徹することで、子どもの見方のバランスがよくなる

しかし、注意が一つあります。クリティカルシンキングで起こりがちなミスが「斜に構

えすぎること」です。

「絶対にだまされないぞ！」と、批判することを前提に情報にふれていると、結果として大切な情報を見落とすことになってしまいます。

素直であることとクリティカルに考えることはコインの表と裏のようなものです。情報をニュートラルに受け入れる。しかし鵜呑みにせず、客観的・多面的に検討した上で、自分にとって最良の意思決定をすることが大切です。

「他人を肯定的に考えられる人は所得が増える一方、批判的な人は所得が減少してしまう」

これは、ドイツのケルン大学で行われた研究報告です。

他者を信用できない人は、人と協力が必要な仕事の機会を逃してしまう。結果として経済的成功のチャンスも減ってしまうわけです。

そのバランスをうまく保てるよう、親がニュートラルでいようと努めていることが前提になります。

第5章

聞く、話す、書く、読む力が地頭を作る

2種類の「聞く力」を育てることから始まる

理解しようとして聞く力と、共感して聞く力

□地頭力は、国語力に大きく左右される

社会で活躍できる人は、当意即妙の機転、いわゆる「地頭力」に優れています。この章では、思考力のうちもう一つ重要な能力である「地頭」のトレーニングについて紹介していきます。

そもそも、この地頭とは何なのでしょうか？

ここにはいくつかの要素が含まれており、

・新しい知識や技能を早く身につけ、さらに応用できる能力

・見聞きしたことを理解し、すぐに再現できる能力

・**柔軟で多面的な思考**
・**ミスが少なく、総合的な問題解決能力の高さ**

といった要素が挙げられます。俗に「要領がいい」などといわれる能力ですが、では、地頭は生まれつきの才能や資質なのか、それとも後天的に身につける力でしょうか?

私の経験上、これも、やはり後天的に身につく能力です。

小学生くらいになれば地頭の良し悪しは見えてくるので、遺伝や先天的な才能に感じられますが、そうではありません。

幼児期から児童期にかけての教育が地頭力を生みだします。

意外かもしれませんが、**特に重要なのが「国語力」**です。

地頭力とは、高い言語能力やコミュニケーション力、また柔軟な思考力の掛け合わせによって生まれるもの。国語における「話す」「聞く」「読む」「書く」の力が高い子どもは、地頭力が非常に強い場合が多いのです。

中でも、その根幹をなすのは「聞く力」であり、**相手のことを知ろうという好奇心と共感をもって聞く力が、学習面と人間関係面の発達を促します。**

□まずは人の話を聞く耳を育てる

国語力の中でも、もっとも重要なのは聞く力であり、さらにいえば、聞く力には「理解しようとして聞く力」と「共感して聞く力」の2種類があります。新しい情報を吸収したり、他者と信頼関係を築いたり、異質な文化や価値観を理解していく上で、この2種類の聞く力は欠かせません。この力がそなわっていくと、吸収力と応用力の高い子どもになっていくのです。

まず、「理解しようとして聞く力」ですが、この力が伸びることで子どもは他者との会話のやりとりの中で多くを学び取ることができます。

たとえば、勉強ができる子どもは、「授業ではわからなかったので、あとで家に帰って復習する」ということがありません。復習をせずとも、授業の中だけで理解できているので、記憶の定着が早く、一度やったことは忘れないのです。

では、家庭でどのようなことが行われているのでしょうか。

それは、言葉への感性を高め、素直に人の言葉に耳を傾ける態度を作る習慣です。

もっとも重要なのがいい親子関係であり、親からの愛情を伝える言葉、感謝する言葉、

褒める言葉、認める言葉、共感する言葉が、子どもの言葉への感性を高めます。

一方で、言葉への感性を低くするのが、「指示・命令・批判・ケチをつける」といった言動です。「ああしなさい」「こうしなさい」「宿題やったの?」「勉強したの?」という指示や命令、小言は、子どもの素直に聞く態度を損ないます。これが積み重なることで、親の言葉が右から左に、頭の中をすり抜けていくようになるのです。そして親は、「言うことを聞かない」と嘆くようになります。

子どもを一人の人格者として尊重することが、地頭力を高める第一歩です。

□共感して聞く力があれば授業で多くを学べる

もう一つの聞く力が、「共感して聞く力」。共感して聞く力のある子どもは、人間関係を作るのが早く、どんな場所にでも溶け込めるようになります。

反対に、この能力が未発達だと「人の話に割り込む」「思ったことをすぐ口に出す」「話を最後まで聞けない」「他のことばかり(雑念)が頭に浮かぶ」といった傾向が強くなり、人間関係の構築に苦労をするのです。

共感して聞く力を持つ子どもの家庭に共通するのは、「雑談が多い」こと。雑談とは、どうでもいい日常の他愛もない話、笑い話で、結論はありません。そうした話は子どもをリラックスさせ、コミュニケーションを楽しもうという意識を高める効果があります。

特に食事時の会話は重要で、家族団らんの時には楽しい話、おもしろい話、夢がある話など、明るい話をすることです。

まずは親の側からその日にあったおもしろい話を切り出し、「今日こんな人を見かけたよ」「今日こんなことがあったよ」など、子どもが乗ってくるように話をします。

親が楽しそうに話をしていると、子どもも自分から話したくなり、さらに日常で見聞きするあらゆることがおもしろく映るようになり、それを伝えるようになるのです。

なお、雑談は子どもの勉強への関心を高めるのにも非常に効果的です。その日の新聞やニュースで見た科学や社会に関連するネタを子どもに聞かせることで、その分野への関心を持たせることができます。賢い親は、そうして子どもの興味関心を引き出しているのです。

一方、子どもの共感力を損なう言動が、「早く言って！」とせかしたり、「何を言ってるのかわからない！」「はっきりしゃべって」といった批判、「(言いたいことは) ○○でしよ！」などと子どもの言葉を親が先に言ってしまったりすることです。

親自身に子どもと共感しようという気持ちや態度が不足していると、子どもは親との会話を避けるようになっていきます。そして、親と良好な関係を築けない子どもは、学校のクラスメートや先生とも良好な関係を築くことができなくなります。

たとえば幼児期の子どもがしつこく「ママ、ママ」と言ってくることがありますが、そんな時に「忙しいから後にして！」と背中越しに答えるのではなく、子どもが話をしたがっている時は「1分」でいいので手を休めて、子どもと向き合い、子どもの目を見て話を聞いてあげることが重要です。

「ウンウン」とうなずいたり、「へえー」と相づちをうったり、「エッ」と驚いたり、子どもの気持ちに寄り添います。それにより、自分の思いや考えを相手にわかってもらう喜び、人と気持ちを伝え合うことの楽しさ、他者と共感できる感激を経験として蓄えられるのです。

Points

地頭力の基礎作り

- 地頭力は、国語力に大きく左右される能力である
- 中でも、「聞く力」が基礎作りに重要
- 聞く力は大きく2つで、「理解しようとして聞く力」と「共感して聞く力」
- 「理解しようとして聞く力」は、親からの信頼や感謝の言葉で育つ
- 「共感して聞く力」は、雑談を通して身についていく
- いずれもＮＧなのは、「指示」「命令」「批判」「ケチをつける」こと

人前で堂々と話す力を育てる

伝え方がわかると論理力も伸びる

□大人との会話が、論理的に話す力を鍛えていく

思考力とは一見関係なさそうに見えますが、実は非常に大事なのが「話す力」です。人前で堂々と話したり、相手に自分の気持ちや意見を正確に伝えたり、論理的かつわかりやすく物事を説明したり、相手の気持ちを感じ取り適切な言葉で表現するなど、非常に高度なコミュニケーションスキルです。

話す訓練をすると、自分の思考が整理されて、自分は何を伝えたいのか、そのポイントがクリアになっていきます。

話す力を伸ばすには年長者と話をすることが近道です。子ども同士の対話では論理的に話す力は身につきません。

子どもにとって一番身近な年長者は親ですから、まずは何でも話し合える良好な親子関係を構築することが第一。そして親は、子どもとの会話の中に「なぜ？」「どうして？」「誰が言ってたの？」「本当の話かな？」と質問を投げかけます（この問いの仕方は、前章を参考にしてみてください）。

親が上手に質問することによって子どもは、より深く考えて発言できるようになっていきます。

□演劇を通して「話す力」を獲得し、自信につながった

日本人の母親とアメリカ人の父親を持つジャニスちゃん（仮名）はシャイな女の子です。人と接する時に何となく不安になってしまい、思っていることがなかなか口から出てこなくなってしまいます。

そんなジャニスちゃんを変えたのが演劇との出合いです。

小学4年生の時、芸術鑑賞会で演劇を観に行きました。その舞台では数人の俳優が一人でいくつものキャラクターを演じていました。キャラクターが変わるたび、表情から話し

方までガラリと変わり別人になります。

その姿に衝撃を受けたジャニスちゃんは「自分でも演劇をしてみたい」と思い立ち、子ども演劇に参加することを決めたのです。

実は演劇は、コミュニケーション力を鍛えるのに最高の習い事です。周囲の子どもと息を合わせてセリフを言い合ったり、一緒にダンスをしたり、歌をうたったり、すべてにおいて周囲との親密なコミュニケーションが要求されます。

コミュニケーションする相手は子どもだけに留まりません。脚本を書く人、衣装を作る人、ダンスを教える人、歌を教える人、演劇を教える人、様々な大人たちとも交流しながら一つの舞台を作り上げていきます。

演劇を習うことでジャニスちゃんは言葉づかい、表情、動作などを磨き、自分に自信が持てるようになっていきました。

そして、コミュニケーションスキルが上達することで、今までは「自分から友だちに声をかけなければ」と必死になっていたのに、自然にジャニスちゃんの周りには人が集まってくるようになったのです。

同性だけでなく異性からもよく声をかけてもらえるようになり、さらに学校の先生ともよい関係を築けるようになり、何かにつけて（勉強面でも）助けてもらえるようになりました。さらには友だちの父兄からよくしてもらったりと、いいことずくめに。

話す力を伸ばすことは、子どもが自分に自信を持つことにつながるのです。

□話す力を伸ばすアメリカの教育の例

アメリカの学校教育では、話す力の育成が幼稚園から大学まで段階的に行われています。

幼稚園（アメリカの幼稚園は小学校入学前の1年間のみ）では、自分の好きな物をクラスメートに紹介する「Show and Tell」というアクティビティーが定番です。生徒はクラスメートの前に立ち、自分の好きな物を見せながら、なぜそれが好きなのか、エピソードを交えながら、決められた時間内でおもしろおかしく説明します。

たとえば、お気に入りのぬいぐるみを持っていき、それをみんなに見せながら、「名前はミッキーです。4歳の誕生日におばあちゃんからもらいました。ふわふわで可愛いからいつも一緒に寝ています」とぬいぐるみにまつわるストーリーを話します。

「Show and Tell」の目的は、人前で堂々と自分の意見が言えるように場慣れさせることです。小さい声でぼそぼそ話していると、「聞こえません！」「わかりません！」とクラスメートからツッコミが入ってしまいます。

小学生になると、プレゼンテーションを通して、論理的に話す技術を学んでいきます。たとえば社会の授業では「ジョージ・ワシントンについて」というテーマでプレゼンテーションをさせます。生徒は独自にリサーチを行い、パワーポイントを使ってプレゼンしたり、ジョージ・ワシントンに扮して本人になりきってプレゼンしたり、歌を作ったりと個性を発揮して自由に発表することができます。

さらに小学校高学年から中学ではスピーチを学びます。一学期かけて準備してきた原稿を暗記して、身振り手振りを加えながら、全校生徒の前でスピーチをします。生徒や先生が審査員となって、スピーチの内容、声の出し方、話すスピードや間合い、ジェスチャーの使い方、目線や表情の使い方などを細かく審査し、順位をつける学校もあります。

中学から高校にかけてはグループプロジェクトやディベートや模擬裁判などを通して「論理的に話す力」を学びます。グループプロジェクトは数人のグループごとに与えられた課題についてリサーチし、意見をまとめて発表したり、ディスカッションを行うものです。チーム全体で評価されますので、チームワークやリーダーシップが要求されます。

ディベートは、ある議題について「賛成派」と「反対派」にグループを分けて、それぞれの立場から、根拠を述べ合い、説得力を競い合うものです。たとえば「原発は廃止すべきだ」というトピックについて、「賛成」と「反対」の立場から、それぞれが理由と根拠を論証していきます。より高い説得力と合理性を持って理論を構築したチームが勝ちです。

ディベートでは、どちらのチームが「賛成」「反対」になるか直前まで知らされないことが多く、賛否分かれる議題について、その両面の立場から議論を作ったり、反証する訓練を積むことができます。賛成と反対、一つのトピックについて両面から深く検証することで、自分の固定観念やバイアスに気づくことができ、クリティカルシンキングの能力を身につけることができます。

□「年齢別」話す力のトレーニング

参考までに、子どもの「話す力」を伸ばす取り組みをご紹介します。対象年齢は幼児から小学生です。

3～5歳：ごっこ遊び・おままごと

子どもが小さい時には、「ごっこ遊び」や「おままごと」が話す力を伸ばします。ヒーローごっこ、お店屋さんごっこ、お医者さんごっこ、運転手さんごっこ、お母さんごっこ、お父さんごっこなど、自分以外の誰かを演じることで、それぞれのキャラクターに合った言葉づかいや態度を練習できるのです。

たとえばファミレス屋さんごっこをすると、「いらっしゃいませ。2名様ですか？　ご注文はお決まりでしょうか？」など、習ったこともない敬語を使いこなすようになります。

4～5歳以上：創作話

もう一段階上の取り組みとしては、オリジナルの創作話をすることです。

一から作るのは難しいですから、既存の物語の「続き」を作ることから始めるとよいでしょう。たとえば「桃太郎」の続きを話してもらう。「シンデレラ」の続きを作ってもらう、といった具合です。また、既存の物語の結末を変えるという方法でも、想像力をおもしろおかしく言葉で表現する力を身につけることができます。

5～6歳以上：人形劇・紙芝居

次の段階は、家にあるぬいぐるみや人形を使った人形劇です。子どもが知っている話でも、創作話でも、何でも構いません。ぬいぐるみや人形に役を与えて、セリフを言い合います。子ども一人でもできますが、親が一緒にやってあげるとよりよいでしょう。

たとえば「浦島太郎」を人形劇で演じてみる。カメのぬいぐるみがなくても大丈夫です。手元にあるぬいぐるみがうさぎであれば、うさぎを使ってやってみてください。また太郎役もスーパーヒーローの人形でかまいません。仮面ライダーとうさぎで「浦島太郎」を演じれば、話がどんどん飛躍していっておもしろい結末になるかもしれません。

家庭に紙芝居があれば、子どもに紙芝居をやってもらうのも「話す力」を伸ばすよいトレーニングです。紙芝居がない場合は、絵本の絵だけを見て創作話を作ることもできます。昆虫図鑑や動物図鑑の写真を見ながら話を作ることもできるでしょう。

紙芝居遊びをやると、感情を込めて文章を読む、あるいは言葉を発する練習をすることができます。紙芝居がわからないという子どもには、親が見本を見せてあげます。YouTubeなどで「紙芝居」と検索してみると動画が見つかりますが、子どもは驚くほど興味を持ちます。

小学校高学年以上：ディベート・討論

10歳くらいになってくると、子どももある程度高度な思考ができるようになります。そこで、その日のニュースや新聞記事などからトピックを見つけて、親子で「賛成」「反対」に分かれてディベートをしてみます。

最初は子どもに「賛成」か「反対」かを選ばせてください。

たとえば「英語の教科化についてどう思う？」という議題で話をする時、まずはそのトピックについて説明します。そして、子どもが「勉強しなければいけない教科が増えるから反対」と言えば、親は「グローバル化が進んでいるから賛成」と、逆の立場から反論していくのです。

ディベートのポイントは「賛成」「反対」、両方の立場から議論できるようにすることですが、最初は子どもが選んだ立場で立論できるように練習します。

子どもがディベートに慣れてきたら、自分の考えとは反対の立場でも議論させてみるのです。話す力はもちろん、論理思考やクリティカルシンキングを伸ばすことができます。

参考までに、ディベートのトピックは次のようなものです。

- 携帯電話の学校での使用は許可するべきだ
- 学校にゲームの持ち込みは禁止すべきだ
- 生徒の髪型（色）は自由にすべきだ
- 生徒は学校に通うことで給与を得るべきだ
- 小学生のランドセルは禁止すべきだ
- ハンティングは禁止すべきだ
- 子どもが犯罪を起こしたら親も罰せられるべきだ
- 友だちがカンニングをしているのを見たら先生に言うべきだ
- 制服はなくすべきだ
- 学校に監視カメラをつけるべきだ
- 男子校、女子校はなくすべきだ

・動物実験はなくすべきだ
・原子力発電所はなくすべきだ
・学校の成績に応じてこづかいを決めるべきだ
・テレビゲームやスマホを使う時間は制限すべきだ
・いじめはいじめた側が罰せられるべきだ
・生徒も先生の成績をつけるべきだ
・大学までの一貫校はなくすべきだ
・生徒が教室掃除をするべきか？
・お金で幸せは買えるか？
・死後の世界はあるか？
・コンピューターは先生の代わりになるか？
・勉強と部活、どっちが大切か？
・お金と夢、どっちが大切か？
・偏差値と人柄、どっちが大切か？

□小学校高学年以上：落語・漫才

最後におすすめしたいのが落語です。落語は高度な話芸で、座布団の上に座り、一人で何役も演じ、さらには限られた身振り手振りと小道具だけで世界観を作ります。

やってみると、実は子どものほうがストーリーを覚えるのも、話し方をマネるのも得意です。寄席や独演会、子ども向けの落語絵本、子どもが落語を学べる教室やワークショップなども開催されています。

また最近は漫才も優れた学習ツールとして注目されています。松竹芸能は２０１２年より「笑い」と「教育」を掛け合わせた「笑育《わらいく》メソッド」の開発に取り組んでいます。漫才作りをカリキュラム化することで、コミュニケーション力やプレゼンテーション力など、これからの時代に求められる能力を育てようという試みです。

漫才のネタ作りには斬新な発想や表現力はもちろん、語彙力、物事を論理的に伝える力、コンビの互いのよさを引き出す力など、実に高度で複合的な力が必要になります。

「人を笑わせることが好き」という子どもに漫才を本格的に習わせて「話術」に磨きをかければ、将来お笑い界のスーパースターに化けるかもしれません。

書く練習は、自分の思考や心と向き合う力になる

海外の大学では、なぜエッセイが重要視されるのか

□思考を整理できなければ、上手に書くことはできない

続いては、書く力について見ていきましょう。

ものを書くことは、思考力、論理力、語彙力、表現力といった様々な要素が必要となる非常に高度な技能です。

事実、欧米では「エッセイ」が非常に重要視されており、たとえばアメリカでは高校からはすべての教科でエッセイを書く課題が出され、評価の対象となります。○×式のクイズやテストもありますが、それは全体の中のごく一部だけで、重要なのはエッセイです。与えられた課題について、自分はどう考えるのか、その根拠は何か、どう説明するのか、いかに読み手にとってわかりやすく飽きさせない文章を書けるのか、といった点が評価さ

れます。

また大学受験でも、受験生の人柄や思考力を測定する上で有効なツールだという理由から、エッセイが非常に重視されているのです。

そもそもエッセイとは、日本でいうと「小論文」に近いニュアンスです。

まず、与えられた課題に対して自分が伝えたいことを最初に書きます。そしてその理由や裏付ける根拠を3つ書き、最後に結論です。序論、理由・根拠が3つ、結論で合計5つの段落に分かれているので「5パラグラフエッセイ」と呼ばれます。

この技術を習得するには、思考の整理や論点の作り方、要約力といったことが必要になり、社会に出て特定のテーマについての報告文章や要約などの事務的な文章を作る時にも役立つのです。

しかし、要求されるレベルが高いだけに多くの子どもがエッセイの課題が出ると「何を書いていいのかわからない」「文章が思いつかない」と言います。

なぜそうなるかというと、「自分の考えを整理して人に伝える」経験が不足しているために書けないケースが多いのです。

ここでは、家庭でできる書く力のトレーニング方法について見てみましょう。

1　物語を「最初」「真ん中」「最後」に分けて話す

書く力を育てるのに有効なのが、「話すこと」。特に「説明」です。説明がうまい人は、書くことも短期間で向上させることができます。

説明上手にさせるには、ふだんから「相手にわかりやすく順序立てて話すこと」を意識してもらうことです。

題材は何でもよく、たとえば小さい子どもであれば「桃太郎」や「一寸法師」などの昔話を口頭で再現してもらいます。重要なのが、物語の「最初」「真ん中」「最後」と、物語の構成・段階を意識させることです。

それにより、わかりやすく順序を追って説明する、という力がついていきます。

2　楽しいお題を与える

小学校低学年くらいまでは、子どもは書く力が十分ではありません。

そこで、「もし世界中のどこでもいけるとしたらどこに行く?」といった想像力を刺激する質問を投げかけます。

子どもは「ハワイ」「フランス」などと答えるでしょう。そうしたら、「なぜハワイに行きたいの？」と理由を聞いてください。

「海で遊びたいから」、「暖かいから」などと子どもは答えるでしょう。そこで、さらに質問します。「どうして海で遊びたいの？」と聞けば、「泳ぐのが楽しいから」「波を飛び越えるのが楽しいから」と理由を探します。

こうして思考がまとまったら、文章を書かせてみるのです。

「もし世界中のどこにでも行けるとしたら、私はハワイに行きます。ハワイは1年中暖かいので、いつでも海で遊ぶことができます。私はずっと水泳を習っているので泳ぐことが大好きなのです」

と、理路整然とした文章が書けるようになります。

3　パソコンで文章を書かせる

小学3〜4年生からはパソコンで文章を書く練習をさせるとよいでしょう。

紙に書くのはめんどうだという子どもでも、パソコンだとおもしろがって書くようになります。最初はタイピングソフト（ゲーム）で、ブラインドタッチができるように教えてあげてください。多くの子どもは自分で練習して、文字を打ち込めるようになります。子ども専用のメールアカウントを作って、メールを書く方法を教えましょう。

□エッセイのトピックの例

・失敗経験について述べてください。失敗から何を学びましたか？
・人生で一番難しい選択をしたことについて述べてください
・映画、歌、小説で自分の人生に影響を与えたものについて述べてください
・あなたの人生観を変えた出来事について述べてください
・大学を卒業したら何をしたいか説明してください
・今現在、あなたの人生のゴールは何でしょうか？
・一つだけあなたの人生を変えられることができたら、何を変えますか？
・あなただけが持つ他者とは違う「強み」について述べてください
・歴史上の人物と30分間話ができるとしたら、誰と何を話しますか？
・あなたがどんな動物にもなれるとしたら何になりますか？
・過去の時代に行けるとしたら、どの時代の、どこに行きますか？

・人生で最高の助言は何でしたか？　誰からの助言でしたか？
・世界に最も悪い影響を与えた発明品は何でしょうか？
・人の心を読む力を持っていたら、それを使いますか？　なぜですか？
・今までで一番恥ずかしかったことについて述べてください
・あなたにとって一番大切なものは何ですか？
・大学は何のためにあるのでしょうか？
・あなたの生涯が映画になりました。タイトルと内容を教えてください
・あなたが今最も解決したい問題は何ですか？　どうやって解決しますか？
・自分の人生の10大ニュースを教えてください
・TEDでスピーチをすることになりました。何を話しますか？
・あなたが今までで最も怒った出来事は何ですか？
・1日だけ過去の人生を変えられるとしたら、どの日を変えますか？

読書習慣のある子どもが、文系も理系もできるようになる理由

読解力は、思考力を加速させる

□読解力がなければ勉強は伸び悩む

マイクロソフト（米）とアリババ（中国）の開発した人工知能が、スタンフォード大学の考案した読解力テストで人間を上回るスコアを獲得したと発表されました。

一方、国立情報学研究所社会共有知研究センターは、小中高生の基礎読解力を測る試験法「リーディングスキルテスト」（ＲＳＹ）を開発して２万４６００人を調査しました。その結果、中学３年生の約５人に１人、高校３年生の13人に１人が主語と目的語を読み取れていないという発表が出ています。

私自身の体感としても、読解力が弱い子どもが増えていると感じます。理由としては、活字に対する抵抗感が大きい（読むのがめんどうくさい）、想像力の欠如、クリティカルシン

キング不足などが考えられます。

私はアメリカで子どもを教えているのですが、子どもの多くがつまずくのが「算数の文章題」です。みなバイリンガルで英語はペラペラなのですが、文章問題ができない。では、そんな子どもたちに同じ問題を母国語で説明したら解けるかと試してみると、やはり理解できないのです。

ハワイで生まれ育ったモアナちゃん（仮名）。家庭では日本語を話し、プリスクールでは英語を話すバイリンガル環境で育ちました。ハワイの小学校に上がる頃には、日本語も英語も流暢に話すバイリンガルに育ちました。２つの言葉を自在に操る我が子を見ると親としては何ともうれしく、誇らしい気持ちになるものです。

そんなモアナちゃんがハワイの小学校に通い始めて１ヶ月ほど経ったある日、担任の先生からお母さんに電話がありました。

「モアナですが、英語力が足りないので授業についていけません。ＥＳＬ（英語を第二言語で学ぶ生徒）クラスへの異動を考えています」

お母さんはびっくりして反論します。

「モアナは英語ペラペラですよ。授業についていけないはずがありません！」

先生は答えました。

「もちろん会話力には問題ありません。でも英語を読む力が足りないのです。お家で英語の本を読んでいますか？」

お母さんは言葉に詰まってしまいました。英語を流暢に話すモアナちゃんを見て、英語力は問題がないだろうと思い、英語の本読みは一切教えていなかったのです。

日本で「英語ができる人」といえば「英語が話せる人」です。しかしアメリカでは英語が話せるのはあたりまえです。アメリカで生まれ育てば誰でも英語が話せます。英語がペラペラだから頭がいいわけではないのです。

読解力がなければ、教科書や資料を読んでも頭に入ってきません。読んでもわからないので、ますます勉強が嫌いになる。負のループにはまってしまいます。

□学力向上には、読む力の育成が欠かせない

日本では「読む力」の重要性についてあまり議論されることはありませんが、欧米では生徒の学力向上のために「読む力」を身につけさせることがいかに重要であるかが長年研

究されています。

たとえば「9歳までにリーディング力（読む力）が身につかないと、学年が上がってから勉強に追いつくのが難しくなる」という研究報告を受け、南カリフォルニアを中心に「Reading By 9」という「9歳までの読む力の重要性」を啓蒙するキャンペーンが行われています。

いわゆる9歳の壁は「生活言語」から「学習言語」への移行と関わっています。授業内容が具体的思考から抽象的思考へ、直接体験から間接体験へとシフトしていく小学4年生頃になると勉強についていけなくなる子どもが急増します。日常生活の身近な話題から、文化、歴史、経済、科学などへテーマが広がっていく時、語彙力や読解力が発達していないと対応が難しくなってしまうのです。

これはアメリカに限った問題ではありません。日本でも「10歳の壁」「小4の壁」が話題になっていますが、同じ理由です。語彙力と読解力の土台ができていないと、算数の文章題でつまずいたり、社会や理科の用語が理解できなかったり、勉強面で苦手意識が強くなってしまいます。

□本の読み聞かせで、想像力をふくらませることが読解力の第一歩

では、読解力を身につけてもらうにはどうすればよいのでしょうか？

その一番の方法は、読書です。

読解力には大きく想像（イメージ）力と論理力があり、まずは「本の読み聞かせ」によって想像力をふくらませるトレーニングをしていきます。

優秀な子どもが育つ家庭では、もれなく子どもが読書好きに育っていますが、これは親が小さな時に読み聞かせを行っている場合がほぼ１００％です。

もともと、すべての子どもは豊かなイメージ力を持って生まれてくるのですが、この力は訓練しないとだんだん弱くなってしまうのです。

読み聞かせを行うと、子どもは物語を頭の中に具現化して、まるで映画を見ているかのようにイメージの世界に浸ることができます。この訓練を積み重ねていくと、子どもはストーリーと自分の経験を結びつけたり、主人公に同化したり、空想を巡らせる楽しみを味わえるようになります。

子どもが自分で本を読めるようになると読み聞かせをやめてしまう親が多いですが、読み聞かせは小学生になってからも継続することをおすすめします。親に読んでもらうのと自分で読むのでは楽しさの次元が違うのです。

自分で読む時は「読むこと」にエネルギーを使うので、イメージに集中できず本の世界に入り込めません。親が読み聞かせをしてあげると、子どもは安心してイメージの世界を楽しむことができるようになります。

□簡単な本を多読させ、難しすぎる本を読ませない

読み聞かせの次の段階は、簡単な本の多読を通して「本を流暢に読む力」を身につけることです。

読書が苦手、読解力が低いという子どもに共通するのが読書スピードが遅いことです。読書スピードが遅いと、読んだそばから内容を忘れていくので、読み終わっても内容をよく覚えていないのです。これでは学習内容が定着するはずがありません。

この問題を解消するには簡単な本を多読させることです。**今の学年から2段階ほどレベ**

ルを下げて、簡単な本を毎日20～30分読むことを日課とするのです。

この際、最初は音読させると効果的です。

一方、読書嫌いという子どもの多くは「難しすぎる本」を読まされています。子どもの読書レベルや興味に合った本をたくさん読ませなければ、活字に対する抵抗感が取れず、読書スピードが上がらず、読解力が身につかないのです。

できれば小学校低学年のうちに大量の読書経験を積むことが理想で、その量は年間10冊、20冊では足りません。１００冊、２００冊と読んだ成功体験が「読める」という自信になります。

そのためには、読ませる本の内容についてはとやかく言わないことが大切です。日本では読書というとまじめな本を読まなければいけない、という雰囲気がつきまといますが、アメリカでは子ども向けのふざけた本でも読書は読書です。中にはオムツをつけたスーパーヒーローのような下品な本もありますが、先生や父兄がそれを問題視することはありません。

本を読み始めの子どもにとって、活字に向き合う作業は多くの集中力と想像力を要するものであり、疲れることなのです。

せめて楽しみというモチベーションがなければ、読書を継続することができません。
1〜2日で1冊読み終えることができる本を親が選んで、子どもに勧めます。

Points

読書習慣をつけるには

- 幼児期から読み聞かせをスタートし、小学生になっても継続
- 子どもが自分で読む場合、理解よりも「流暢に読むこと（スピード）」が重要
- 1〜2日で1冊読み終えられるくらいの難易度の本が適切
- 小学校を通して数百冊の本を読むことが理想

第6章

日本人のための英語教育

英語教育のゴールは、「英検準1級」レベルの英語力

——負担が増す英語への基本方針

□英語教育改革で、英語の比重は増していく

ここからの章では、近年リクエストの多い話題、すなわち「英語」や「理系（STEM）教育」、また「進路（学校選び）」という分野についてそれぞれ見ていきます。子どもの強みや興味が向いているという場合には、ぜひ参考になさってください。

まずこの章では、日本人が苦手とする「英語」について見ていきます。

2018年から、英語に親しむ「外国語活動」が小学3年生から導入され、2020年から、小学5〜6年で英語が正規教科になります。今回の英語改革は、日本の英語教育全体のレベルを底上げすることが目的です。イメージとしては**今の中学の学習内容を小学校で、高校の内容を中学校で、大学の内容を高校で学ぶようになる**というレベル感です。

これにともない、大学入試も変わります。大学入学共通テストでは今までの「聞く」「読む」だけでなく、「書く」「話す」が加わり、さらには「英語外部検定利用入試」と呼ばれる「TOEFL」や「英検」などのスコアを代替したり、外部試験のスコアに応じてみなし得点化できる制度が導入されるのです。

この改革は、大多数の子どもにとって「負担が増える」ことを意味します。国語、算数、理科、社会に加えて英語にも本腰を入れて取り組まなければ、難易度が高まる授業内容や大学入試に対応できなくなる可能性もあるのです。

しかし裏返せば、英語を早い段階で得意にしておくと大きなアドバンテージを得ることができる、ということでもあります。英語力の差は、大学受験の合否だけでなく、キャリア形成に大きく影響するようになるでしょう。避けて通ることは難しく、早く向き合ったほうがよい段階がきていると言えるでしょう。

□英語教育のゴールが明確になった

ではそもそも、日本人の英語教育のゴールはどこにあるのでしょうか？

今回の改革で、そのゴールが明確になりました。それは、英語のみなし得点で満点扱いとなる「CEFR B2レベル」を高校時代に取得することです。

CEFRとは、英仏独などヨーロッパ言語の習熟度をA1、A2、B1、B2、C1、C2の6段階で統一するために作られた基準で、A1が最低、C2が最高です。

英語の外部試験を導入している大学の多くが「B2レベル」を達成すれば英語試験は免除、加点、もしくは満点扱いとなり、海外大学への留学も視野に入ってきます。

・ケンブリッジ英語検定160以上
・英検準一級以上
・TEAP CBT 600以上
・TOEFL iBT 72以上
・TOEIC（4技能）1560以上

このレベルが達成できれば、大学入試で有利になることはもちろん、英語を武器に自分のキャリア形成に活かしたり、英語圏の大学へ留学して、さらに見識を深めることも視野

各資格・検定試験とCEFRとの対照表

CEFR	実用英語技能検定（英検）	GTEC	TEAP	TEAP CBT	TOEFL iBT	TOEIC L&R /S&W
C1	1級	1400〜1350	400〜375	800	120〜95	1990〜1845
B2	1級〜準1級	1349〜1190	374〜309	795〜600	94〜72	1840〜1560
B1	準1級〜2級	1189〜960	308〜225	595〜420	71〜42	1555〜1150
A2	2級〜準2級	959〜690	224〜135	415〜235		1145〜625
A1	準2級〜3級	689〜270				620〜320

に入ってきます。

日本の学校教育（高校まで）が目指すゴールもこのレベルと考えてよいでしょう。

ただし、大学ごとに適用できる試験や基準点は異なります。

詳細は各大学のウェブサイトを参照してください。

□B2レベルを学校教育だけで達成できるのか？

問題はどうやってB2レベル（英検準1級レベル）を達成するのかです。小中高とまじめに学校の授業を受けていれば誰でも達成できるレベルなのでしょうか？

日本英語検定協会が2016年に発表したデータによると、英検準1級の高校生受験者数が1万2285人で、合格者数は1986人でした。合格率は16％とかなり低い数字です。

英検準1級を受験する高校生は、すでに英検2級を取得しているケースがほとんどと考えられますから、そもそも英語が得意な生徒です。つまり**学校でまじめに英語を勉強しており、「英語が得意」という生徒でも簡単には合格できないレベルなのです。**

では、「CEFR B2レベル」以上の英語力を持つ高校生はどのくらいいるのでしょうか。

文部科学省が全国の高校3年生約7万人（国公立約480校）を対象に2014年に実施した英語力の調査があります。

この結果によると、B2レベル達成者は「読むこと」0・2％、「聞くこと」0・3

%、「書くこと」0%。かなり過酷な結果となっています。

この数字を見る限りでは高校生時代にB2レベルを達成することは「相当に難しい」と言えるでしょう。つまり、ただただ学校でまじめに英語の授業を受けているだけでは、B2レベルの達成は困難なのです。

先の調査では、B2レベルに（読解力だけでも）達している生徒は全生徒のわずか0・2%です。

ちなみに2017年の東京大学の入学者数は3060人、センター試験の志願者数が58万2669人ですから合格率は0・5%です（東大受験者の合格率でなく、全受験者数に対する東大合格者の比率）。文科省が目標とするB2レベルは、これまでの英語教育システム、英語学習法を踏襲していても達成することはほぼできないのです。

では、どうしたらよいのか？

実際のところB2レベルまで英語力を高めることは東大に入るよりもはるかに簡単です。私の指導経験においても小学生で英検準1級を獲得している生徒はたくさんいます。

小学生が東大に入るのは難しいですが、小学生が英検準1級に合格することは十分可能であり、さらに言えば、これだけ英語ができる人が少ないということは競争が少ないとい

うこと。子どもの「強み」にしやすい分野なのです（ただし、これを実現するには英語教育に関わるバイアスを親が取り除く必要があります）。

では、その具体的な方法を見ていきましょう。

英語は、いつ始めるのが正解か

習得の最適期と習得時間について

□ストレスが少なく、もっとも効率的なのは4歳～10歳の間

英語学習を家庭で進めていく上で、問題になるのが「いつ始めるか」です。英語を始める臨界期は、「3歳」「6歳」「10歳」など様々な意見があります。

私の経験から言えば、子どもが最も効率的に英語の四技能（「聞く」「読む」「書く」「話す」）を同時に身につけられる時期は、4歳～10歳です。もちろん、10歳を過ぎても英語力を獲得することは可能ですが、**4歳～10歳というのは、子どもへの学習負担（ストレス）が少なく、小さな努力で大きな成果を得ることができる時期**とご理解ください。

英語力には日常生活で必要な「生活英語力（聞く・話す）」と、学校の授業や学習活動で

必要な「学習英語力（読む・書く）」があります。英語教育の適齢期は、この2つの英語力の違いについて理解しておくことが大切です。

生活英語力は、言い換えると英会話力であり、年齢が低いほど楽に身につけることができます。生活英語力を身につけるには英語環境に浸ること（最低1000時間）が必要です。

ただし、生活英語力は英語を話す機会がなければ弱くなっていきます。幼児期に英会話力を獲得しても、日本で英語を使わなければ衰えてしまうのです。

一方で学習英語力は英語の読み書きの力であり、年齢が低いから早く身につくということはありません。学習英語力は日本語の読み書きができない幼児よりも小学生の方が効率的に身につけることができます。ただし、小学校高学年以上になると日本語思考がじゃまをして、習得により多くの時間が必要になってきます。

生活英語力は年齢が低いほど効果的に身につき、学習英語力は小学校低学年が効果的に身につく。そう考えると**4～5歳で生活英語力の学習をスタートして、5～6歳から学習英語力につなげていくことがベストタイミング**だと言えます。

□学校の授業＋1000時間が習得の目安

では、「B2レベル」の英語力を身につけるにはどうすればよいでしょうか？

アメリカ国務省の付属機関FSI（Foreign Service Institute）によると、英語を母語とする（エリート）研修生が、日常生活に差し支えないレベルの日本語能力を獲得するまでに要した平均時間は2400〜2760時間でした。これと同じくらい（2500時間前後）は、外国語の習得に時間がかかるのです。

一般的な日本人が学校教育を通して英語を学習する時間は、自主学習を含めても多くて1500時間程度と言われています。つまり、**「学校の勉強（宿題含む）＋1000時間」を「B2レベル」の英語力を達成するまでに必要な時間の目安**とするとよいでしょう。

このプラス1000時間をいかに確保するかが親の腕の見せどころです。

最短コースとして挙げられるのは、小学校中学校時代に英語への興味と知識を高めておき、ティーンエイジャー時代に英語圏（日本人がいない場所）に最低1年間留学する、というものです。

たとえば高校生の時に1年間英語圏に留学すると、留学先の学校の授業や宿題で毎日8

時間は英語にふれますから、8時間×185日（アメリカの平均的な授業日数）＝1480時間となります。

1年間留学すれば、それだけでプラス1000時間以上が確保できるのです（もちろん、日本の学校できちんと英語を勉強してから留学することが前提ではあります）。

帰国後は自然と「B2レベル」に到達できる上に、国際感覚と自信が身につきますから、人間的に一回り成長させることができます。

高校時代の留学は大学受験に不利になるのではないか？　という心配もありますが、英語の比重が高くなる日本の受験においては有利になります。さらに留学を通して「英語が話せる」ようになれば、キャリア面でも大きな強みとなりますから、長い目で子どもの人生を考えればメリットの方がはるかに大きいのです。

Points

使える英語を習得するための最短コース

- 4～5歳から英語への興味を高めておく
- 小学校、中学校を通して英語力の基礎を身につける
- 10代半ばに英語圏（日本人がいない場所）に最低1年間留学する

□留学できない場合には、「リーディング力」が鍵となる

しかし、留学はハードルが高いと考える人も多いでしょう。経済的に（あるいは他の事情で）留学できない場合はどうなるのでしょうか？

その答えが、「英語のリーディング力」の獲得です。**英語の本が読めるようになれば、学校外のプラス1000時間を、子どもは読書を通して実践することができます。**

ある地方都市に住むゆきちゃん（仮名）は1歳の頃から英語教育を受け始めました。と言っても英会話学校や英語プリスクールに通ったわけではなく、家庭で英語の歌や物語のテープ（当時はテープでした）を繰り返しかけ流すだけでした。

お母さんの仕事は、英語の歌や物語のテープを購入してきて、カセットデッキのボタンを押すだけ。毎日平均2時間、英語のテープをかけ流して英語を聞き取る耳を育てることを実践したのです。親にとってはかなり退屈な作業でしたが、ゆきちゃんはいつの間にか英語の歌をネイティブ発音で口ずさむようになっていきました。

家庭での会話は、日本語オンリーです。親が英語で語りかけたり、英単語や文法を教えたりすることはせず、一緒に英語の歌をうたったり、簡単な英語の絵本を一緒に読んだりして英語に親しませること、英語嫌いにしないことを心がけました。

すると、5歳くらいで簡単な英語の本が自分で読めるようになり、小学3〜4年の頃には英語の小説を原書で読めるようになりました。もともと日本語の本読みが好きだったので、英語の本に対する抵抗感が少なかったことが大きかったようです。

また小学校高学年から大人の英語劇団に頼み込んで練習に参加させてもらい、英語の表現力に磨きをかけました。ゆきちゃんは記憶力が優れていたので、台本のセリフをすべて覚えていました。役者さんが休んだ時の代役として、どの役の台詞も完璧に覚えていたので、とても重宝されていたそうです。

その結果、小学校5年生で英検準1級に合格、中学1年生の時には英検1級に合格しました。海外在住の経験ゼロ。英語学校や英語プリスクールに通うことなく、自力で高レベルの英語力を身につけたゆきちゃんのケースは、日本で英語を身につけるための大きなヒントです。

英語のリーディング力を鍛えてゆけば、国産バイリンガルを育てることは不可能ではないのです。

そこで、次項ではこのリーディング力の伸ばし方について見ていきましょう。

日本から一歩も出ずとも、使える英語は習得できる

――外国語習得には、リーディング力を高めることが最高

□リーディング力を身につけるには、正しい発音と、流暢に読むことが必要

「学校の授業＋1000時間」が、英語習得にかかる時間の目安だとお伝えしました。海外留学ができればベストですが、留学をせずとも実用的な英語を身につけることは可能です。

そのための必須能力が、英語の本をスラスラと読み、理解する力、「英語のリーディング力」を身につけることになります。

たとえば毎日30分英語の本を読書すれば、1000時間は約5年で達成できます。

ただし厳密にいえば、リーディング力を身につけるには、**英語の本を「正しい発音」**

で、**「スラスラ読める」ようにすることが必要です。**アルファベット26文字の正しい発音を覚え、単語の正しい読み方を覚え、センテンスの読み方を覚えて、ようやく短い文章が読めるようになります。

さらに簡単な本の多読を通して英語の本に対する抵抗感を取り除き、読書スピードを高め、読解力を向上させていく訓練が必要です。アルファベットからスタートして英語の本がスラスラ読めるようになるまでに、最短3年かかります。

つまり、**英語の本が読めるようになるのに3年、そこから毎日30分の読書を5年。合計8年程度で、目標である「B2レベル」の実力を身につけることができます。**

時間がかかりすぎると思うかもしれませんが、小学1年生で英語学習を始めれば、中学2年生で目標達成できます。さらに、そこから先も英語の読書を継続していけば、高校時代に英検1級を達成することは十分可能です。

このレベルになれば、英語は子どもの大きな強みとなり、進学やキャリアの選択肢も大幅に増えていきます。

□正確に理解できるかよりも、読書スピードが重要

英語のリーディング力を育てる原則は「理解よりも流暢に読めることが先」です。英語を読み始めの子どもに「読むこと」と「理解すること」を要求すると、必ず読書スピードが遅くなります。内容の理解は横に置いておき、流暢に読むことに専念させましょう。

人間の脳は、2つの作業を同時処理することは苦手です。流暢に読むことにフォーカスしながら、頭の片隅で意味を考えていると、脳の処理スピードは遅くなり、学習効率が下がってしまいます。

日本語の文字を習い始めた子どもを観察すると、これは一目瞭然です。ほとんどの子どもは文字を「読むこと」に集中するので、読み終わっても内容をまったく覚えていません。子どもに**「内容を考えながら読みなさい」と指示すると、読書スピードがさらに遅くなり、読んだそばから内容を忘れていき、いつまで経っても理解が伴わないという悪循環に陥ってしまう**のです。

まずは英語を流暢に読むこと1つに集中させます。理解することよりも英語の活字に慣れ、読書スピードを向上させることが先です。英語に対する抵抗感がなくなり、英文をス

ラスラと読めるようになったら簡単な本の「多読」によって読解力を育てていくのです。これは、日本語の読書指導でも同じです。まずは日本語の本をスラスラと読めるようにならなければ内容理解は伴いません。

子ども向けの英語の本には「グレードレベル」や「リーディングレベル」が記載してあるので、それを参考に子どものレベルに合った本を選ぶことができます。レベルがはっきりしない場合、最初の数ページを子どもに読ませるとよいでしょう。**1ページに読めない単語が4～5個以上ある場合、それは難しすぎる内容です。**

父親の仕事の関係で5歳から8歳までの3年間をハワイで過ごしたサラちゃん(仮名)。日本に帰国後は地元のごく普通の公立小学校に通っています。しかしながらコツコツと英語力を伸ばし、小学5年生の時に「英検1級」に合格しました。

「アメリカで3年も暮らしていたならあたりまえだろう」と思われるかもしれませんが、生活していたのは幼稚園から小学2年までの3年間だけです。サラちゃんのように小学校低学年で帰国する子どもの多くは、日本で英語をまったく使わなくなりますから、英語力がどんどん低下していきます。

ところがサラちゃんは、英語力が低下するどころか、帰国後もぐんぐん英語力を伸ばすことができたのです。なぜでしょうか？

それは、英語のリーディング力を身につけていたからです。

サラちゃんがアメリカに来た時は英語力ゼロでしたが、3年間徹底的に英語のリーディングを指導しました。その結果、小学2年生の時には原書で『ハリー・ポッター』シリーズが楽しめるレベルの読書力を身につけていました。日本帰国後も大好きな英語の読書を通して英語力を上達させていったのです。

英語を話す機会がなくても、英語の読書を続けていけば、語彙力、読解力、表現力、リスニング力、英語の全技能を上限なく伸ばしていくことができるのです。

英語を使うことが少ない日本で、実用的な英語力を獲得するには「リーディング力」を鍛えるのが、唯一にして最良の方法です。

英語ネイティブ向けに書かれた小説、たとえば『ハリー・ポッター』の原書がスラスラ読めて、理解できるレベルのリーディング力まで高めていくのが一つのゴールになります。

フォニックスとサイトワーズを駆使する

正しい発音が、使える英語の源泉になる

□英単語を正しく読めるようにする

英語力を伸ばすには、リーディング力を鍛えることが最良の方法だとお伝えしました。しかしながら、そもそもリーディング力をよい形で伸ばしていくには、下準備が必要です。

日本語の本を子どもが読むには「ひらがな」や「漢字」を読めることが必要なように、英語の本を読むためには、英単語を正しく読む訓練をしてからになります。

その訓練に最適なのが、「フォニックス」と「サイトワーズ」です。

まずは、フォニックスとサイトワーズの違いを説明しておきましょう。

フォニックスは単語を文字ごとに分解して読み方を教える方法です。「DOG」を分解

して「D／ドゥ」「O／オ」「G／ッグ」という要領で読み方を教えます。

一方、サイトワーズは、単語を文字ごとに分解せず、単語のまま丸ごと読み方を教える方法です。「DOG」＝「ドッグ」と教えます。

フォニックスを学ぶことで、知らない単語でも（ほぼ）正しい発音で読めるようになります。ただし、フォニックスの問題点は子どもが「ドゥ」「オ」「ッグ」と「拾い読み」をすることです。

一方のサイトワーズは、単語単位で読み方を覚えていきますから、拾い読みを減らすことができます。ただし、サイトワーズは「未知の単語は読めない」という弱点があります。また、5文字以上の綴りの単語になると読めなくなる生徒が増えるという傾向もあります。

つまり、日本語を読むために「かな五十音」と「漢字」を覚えていくように、英語でも「フォニックス」と「サイトワーズ」の両方に取り組むことが最も効果的な方法なのです。

□フォニックスとサイトワーズの組み合わせ方

では、実際の覚え方を見ていきましょう。

「フォニックス」は、アルファベット26文字の音を教えることからスタートします。「A」は「ア」、「B」は「ブ」、「C」は「ク」、「D」は「ドゥ」という要領です。一通り文字と音の関係を覚えたら、ライム（音韻）で3文字単語の読み方を教えます。

「C／ク」と「AT／アット」で「CAT／クアット」
「H／ハ」と「AT／アット」で「HAT／ハアット」
「S／ス」と「AT／アット」で「SAT／スアット」
「M／ム」と「AT／アット」で「MAT／ムアット」

次に「サイトワーズ」を一目で読めるように指導します。順番は頻出順です。つまり、よく使われる単語から順番に教えていきます。サイトワーズにはいくつかのリストがありますが、頻出300語まではどれを使っても大体同じです。まず頻出10単語の読み方を教えます。

「the, of, and, a, to, in, is, you, that, on」

これらを一目で読めるようになったら、フォニックスとサイトワーズを組み合わせて文章を読む練習をします。

The cat

The cat in the hat

The cat in the hat sat

The cat in the hat sat on a mat

すべてその日のレッスンで学んだ単語ですから、どの子もすぐに読めるようになります。

フォニックスで覚える代表的な音の組み合わせパターンは約40種。サイトワーズで覚える頻出単語は最低300語。これらを学ぶと簡単な英語の本が読めるようになります。

これらを身につけた上で、短く簡単な英語の本を「流暢に読む」練習をしていくのが最も効率のいい順番です。

□日本人家庭でフォニックスを教える方法は？

以上をふまえた上で、フォニックスの教え方を見ていきます。

フォニックスは英単語を構成している「音」を学ぶものですが、「日本語にはない音」がほとんどであり、英語が得意でない両親が教えることができないのが難点です。

しかし、問題ありません。今はメディアを活用すれば、家庭でフォニックスを教えることができます。

1 歌で教える

フォニックスの要素が詰まった歌を聞かせることで、子どもは正しい発音はもちろん、英語の持つリズムやイントネーションを身につけることができます。

フォニックスの歌はYouTubeで「phonics song」と検索すればたくさん見つけることができます。また、「ナーサリーライム（nursery rhymes）」や「マザーグース（mother goose）」と呼ばれる英語のわらべ歌も活用してください。

2 アプリで教える

スマートフォンやタブレットのアプリを使ってフォニックスを学ぶことができます。日本語のアプリもたくさん販売されていますが、推奨は海外で開発されたアプリです。英語だけのアプリでも、子どもはすぐに使いこなせるようになります。

インターネットで「phonics apps」や「phonics」で検索してみると、かなりの種類のアプリが出てきます。まずは親が試して子どものレベルに合ったものを見つけます。

アプリで遊ばせる時の注意点は、子どもにやらせっぱなしにしないようにすることです。1回の時間を15分や30分と決めて取り組ませるとよいでしょう。

3 動画レッスンで教える

歌の動画だけでなく、YouTubeで「phonics」や「kindergarten phonics」と検索すれば無料の「レッスン動画」があります。

動画を選ぶポイントは、**「①できるだけ短いもの」**で、**「②教える内容が明確なもの」**。一つのトピックを教えるのに2分以内が理想です。長い内容は子どもがすぐに飽きてしまい、学習効果は高くありません。

□家庭でサイトワーズを教える方法

サイトワーズは英語の頻出単語であり、１００単語覚えれば、どんな英文でも約50％が読めるようになり、３００単語覚えれば、どんな英文でも約70％が読めるようになると言われています。

サイトワーズの正しい読み方を覚えることで、効率的に英語のリーディング力が身につくわけです。

アメリカの子どもたちは幼稚園（5歳）から小学校にかけてサイトワーズを学びます。多くの学校では毎週サイトワーズのスペリングテストを実施します。日本の子どもたちが新しい漢字をドリルや漢字テストで覚えていくように、アメリカの子どもたちはスペリングテストでサイトワーズを覚えていくわけです。

サイトワーズにはいくつかの異なるリストが存在しますが、最も代表的なものが**「Dolch Sight Words」と呼ばれる約３００単語のリストです。**

インターネットで検索すればリストは簡単に見つけることができます。まずはこのリストの単語をすべて読み書きできることを目標にします（意味を日本語で覚えさせる必要はありません。読めて書けることがゴールです)。

参考として、アメリカで長く子どもたちに親しまれている本に『The cat in the hat』があります。この本は「Dolch Sight Words」の約300語+ライミング単語だけを使って書かれており、最小限の知識で本が読めるように工夫してあるものです。

たった300語だからストーリーがつまらないかというと、そんなことはありません。ユーモラスかつリズミカルで、子どもが最初に読む本としては、実に楽しい内容です。サイトワーズ学習のかたわらに取り入れると、読む力を短期間で育てることができます。

さらに、フラッシュカード、欧米で販売されているワークブック、YouTube動画、アプリなども活用してサイトワーズを教えるとよいでしょう。

繰り返しますが、サイトワーズでの学びは、意味を覚えることよりも、正しく読めて、正しく書けることが大切です。

英語は訳さず、英語のまま理解させるほうがいい

バイリンガルの頭の使い方

英語学習のスタートは、フォニックスとサイトワーズによって簡単な英語の本を読むことができる状態にすることだとお伝えしました。

では、その次の段階ではどんなことが必要になってくるでしょうか。それは、家庭でコツコツとリーディング練習を重ねていくことです。

子どもに読ませる英語の本は楽しいことが優先です。教育的なものを読ませようとすると子どもが逃げていきます。

子どもの多読に適した本は、「グレードリーダーズ（Graded Readers）」と呼ばれるシリーズです。これは、英語を母語としない学習者向けに単語や文法が簡易化された本で、語彙力が弱い子どもでも読み進めていくことができます。

内容は英米のクラッシック文学から映画のシナリオまで幅広く用意されており、年齢や興味に応じて、飽きることなく読書量を増やしていくことができます。

代表的なグレードリーダーズは「Penguin Readers」「Oxford Readers」「Richmond Readers」「Black Cat Readers」などです。くれぐれも難しすぎる本を読ませないようにレベルに配慮してください。

YouTube上に本の朗読動画が見つかりますので、手元にある英語の本のタイトルを検索してみるとよいでしょう。見つけた音声は、繰り返し子どもに聞かせます。

小学生以上の子どもの場合、本の文字を追いながら音声を聞いたり、ネイティブに合わせて音読させると効果的です。子どもがつまずいている単語や表現があればチェックして、子どもと一緒に読む練習をします。

□小学生時代は英語を英語で理解できる

小学生のリーディング指導で大切なのが、英語を日本語に翻訳しないことです。日本の学校英語では英単語の意味を教え、文法ルールを教え、英語を日本語に翻訳して理解する訳読方法を教えます。しかし、小学生のリーディング指導は翻訳せずに、英語を英語のまま教える方法が最も効果的です。

基本的な単語については、「ピクチャーディクショナリー」と呼ばれる、イラストや写真がついた辞書を活用します。基本単語の意味がわかれば、それをつなげて全体の意味が何となくイメージできるようになるのです。なお、アメリカの子どもたちがよく使うのは「Scholastic Children's Dictionary」や「Merriam-Webster Children's Dictionary」です。

また英語のアニメや絵本に親しませていると、英語を英語で理解できるようになります。

たとえば日本語と英語を操るバイリンガルは、日本語は日本語、英語は英語で理解しているのです。バイリンガルと同じ頭の使い方を「小学生時代の子ども」の場合は身につけることができます。

ですから、**家庭で子どもに英語を教える時も、できるだけ英語を日本語に訳さないほうがよいのです。**英語を翻訳する方法を教えると、単語の意味を覚え、正しく日本語に訳すことが目的になり、英語が「勉強」になってしまいます。

英語を英語のまま理解するというのは、たとえるなら英語を「歌」や「セリフ」のように捉えることです。繰り返し流暢に読む練習をし、身振り手振りで表現力を高めていくことで、英語を英語のまま理解できるようになります。

これについては、次項もあわせてご参照ください。

ハリウッドで活躍する日本人俳優が短期間で英語を習得した方法

演劇経験者の英語習得が早い理由

□渡辺謙、真田広之は五感を使って英語を習得した

ハリウッドで活躍する日本人俳優の代表といえば、渡辺謙さんです。

今やハリウッド映画の常連ですが、もともと英語を身につけたのは44歳の時に出演した「ラストサムライ」の時でした。それ以前はまったく英語を話せなかったと言います。それが、たったの5ヶ月で英語でインタビューに対応できるまでになりました。渡辺謙さんは「五感をフル活用する方法」で英語を覚えていったそうです。

同じくハリウッドで活躍する真田広之さん。真田さんも、やはり大人になってから英語を本格的に習い始めたそうです。

しかも真田さんはイギリスなまりやアメリカなまりの英語を完璧にコピーするなど発音

のよさで知られています。真田さんはあるインタビューでご自身の英語学習法についてこう語っています。

「作品ごとに求められるレベルやアクセントが全部違うんですよね。ですから、毎日受験生という感じで。車の中だろうが、トイレの中だろうが、繰り返しセリフを言っていました」

メディアで活躍する人たちが特別な方法で英語を学んでいるかというと、そんなことはありません。コツコツと努力を積み重ねていくだけなのです。

ただし、**一般的な英語勉強法と違うのは、身体を使ったり、ジェスチャーを駆使したり、ひたすら台詞を丸暗記するという学び方をしていること。**辞書を片手に英語の教科書とにらめっこをして、一語一句日本語に訳すという勉強はしていません。

音で覚え、その英語を使うシーンをイメージして、全身を使って覚えてゆく、このシンプルな方法は学び方として非常に効率がよいのです。

□演劇経験者は英語習得が早い

俳優のみなさんがそうであるように、演劇経験者は英語習得が非常に早い傾向にあります。

その理由は、英語を学問的に学ぶのではなく、「コミュニケーションの手段」として学んでいるからだと私は考えています。

言語とは、人と人とが思いを伝え合うためのツールです。その原点に戻って英語を学習すれば、英語を身につけることは決して難しくないのです。

中学2年生の夏にアメリカに留学することを決めたケンタ君（仮名）。猛勉強が功を奏してアメリカのボーディングスクール（全寮制学校）に合格しました。

日本では学校の授業以外に特別な英語教育を受けてこなかったケンタ君ですが、驚くほど短期間で高度な英語力を身につけることができました。

留学先の学校では最初の数ヶ月間こそ慣れない英語にとまどいましたが、すぐに友だちもできて、英語力も目に見えて向上しました。授業にも何とかついていけるようになり、留学2年目にはクラス委員に選出されるなど、学校のリーダー的存在にもなったのです。

なぜケンタ君は短期間で英語を身につけられたのでしょうか？

その秘密は、「演劇」にありました。

ケンタ君は5歳の時からダンスと歌を習っていました。小学生からは本格的に演劇を始め、数々の舞台や映画に子役として出演してきたのです。演劇を通して人前で堂々と話す力、台詞を覚える方法、相手に伝わりやすい発声・発音の方法、表情や身振り手振りを使って効果的に意思疎通する方法などを身につけていたのです。

この演劇の技術が英語習得に大いに役立ちました。英語には日本語とは異なる発声方法、発音、抑揚、ジェスチャーなどがありますが、演劇をしていたケンタ君にとって英語話者の話し方をマネることは難しくなかったのです。

また演劇の舞台では周囲の役者さんや舞台を作っている人たちと密なコミュニケーションをとることが必要となります。演劇を通して年齢や性別を越えた人たちと効果的にコミュニケーションする技術を身につけていたケンタ君はアメリカ人相手でも臆することなく信頼関係を構築することができたのです。友だちができれば英語習得のスピードは上がります。

わからない表現や単語の意味を気軽に聞くことができますし、文化や習慣の違いについても一人で悩むことがなくなります。

欧米では、演劇はコミュニケーション能力や表現力を高める優れたツールとして古くから学校教育に組み込まれています。もちろん学校では外国人の英語教育（ESL）にも幅広く応用されており（ロールプレーが代表的）、その成果はアメリカの移民英語教育の歴史が証明しています。

□コミュニケーション力を伸ばすには、子どもの自信を育てるのが近道

私は長年英語教育に関わっていますが、英語が短期間で身につく人はやはり「コミュニケーションがうまい人」です。そもそも英語は、コミュニケーションの手段であり、学問ではありません。

いくら頭がよくても、人と関わることが苦手な人は英語の四技能（読む、書く、聞く、話す）を上達させるのに時間がかかります。その一方で、学生時代は英語が得意だったわけではないのに、アメリカに来たらあっという間に英語が話せるようになる人がいます。そのような人は例外なくコミュニケーション能力が高いのです。

コミュニケーション能力が高い人は、世界中のどこに移り住んでも、すぐにネイティブ

の友だちができます。友だちができれば英語を使う機会が劇的に増えますから習得が早いのです。

つまり、子どもに英語を身につけさせる一番の近道は「コミュニケーション力を高めてあげること」に尽きます。

人と関わることが好き、人と話をすることが好き、人と出会うことが好き、そんな社交的な子どもに育てることが、遠回りなようで実は英語を身につける近道なのです。

その点、日本人の子どもは概してコミュニケーションが苦手です。意見をはっきり言わない、小さな声でボソボソ話す、喜怒哀楽表現が少ない、すべてにおいて控えめな表現を好みます。おしとやかで控えめなのは日本人の美徳であり素晴らしいのですが、こと英語習得においては「控え目」は無用です。

社交的で、大人相手でも臆することなくコミュニケーションができるという子どもは、英語の達人になる可能性大です。そのような子どもには、五感を通して、身体を動かしたり、歌をうたったり、ネイティブ話者と関わり合う中で英語を学ぶような環境を与えると上達が早いでしょう。

一方で人付き合いが苦手、人見知りが激しい子どもの場合、子どもの「自信」を大きくすることから始めます。

自信を大きくする一番の方法は子どもを頼ることです。子どもに様々なことを相談したり、家事の手助けを頼みます。親（特に母親）が子どもを頼ると、子どもは自分の力を認めてくれる親を強く信頼するようになります。この信頼が子どもの心に自信を構築するのです。

家の掃除でも、料理の手伝いでも、ゴミ出しでも、何でも構わないので、子どもを頼って大いに協力してもらいます。そして「○○が手伝ってくれて助かったよ！」「○○は本当に頼りになるわ」と大げさに喜ぶのです。

このような信頼感を育てる最適な時期は、幼児期から児童期（4歳前後〜小学校卒業まで）です。青年期になると自我が強くなり、うまくいきません。

今の社会は子どもの足をひっぱる仕組み、自信を奪う仕掛けがたくさんあります。ですから多少は子どもを自信過剰に育てておいたほうが安全なのです。

自信喪失は困りますが、自信過剰は、社会の荒波の中でもまれて、最終的にちょうどよいくらいに落ち着いていきます。**自信が大きく育ってさえいれば、しつけやルールなどは、社会を生きる中でどうとでも身につけてゆくのです。**

子どもの自信を育てるには、まずは親が確信を持った子育てをすることです。親の軸がブレると、子どもは不安になります。親が（本当は確信がなくても）確信を持った態度で子育てに対応すれば、子どもは安心してついていくことができるのです。

第7章

AI時代のコンピューター教育

小学校低学年からは、コンピューター教育を取り入れる

――「作る側」の思考を学ばせる

□ＳＴＥＭ、そしてＩＣＴ教育とは

これからの時代を生きる子どもにとってコンピューター教育は必須です。

たとえば、アメリカが国家戦略として推進しているのが「ＳＴＥＭ教育」です。ＳＴＥＭとは、Science（科学）、Technology（技術）、Engineering（工学）、Math（数学）の略で、これから成長が著しい分野の実用的な教育をしていこうという学問です。

従来のカリキュラムでは、算数は算数だけ、理科は理科だけという縦割りの学問でしたが、ＳＴＥＭ教育はロボティックスやプログラミングなどを通して社会生活に密着した技術を算数や理科やコンピューター知識を応用して学ぶことができます。

これからの社会でより重要となるスキルは、主体性を持って問題解決していく力や新し

いシステムを作っていく力です。ＡＩを使う側からＡＩを作る側に回ることが、変わりゆく社会に対応していくために必要になります。

もちろん日本でもプログラミング教育が必修化される動きが進んでいますが、世界の潮流から見ると、日本のコンピューター教育や環境は大きく遅れていると言えます（なお、コンピューターを使った技術は「ＩＴ（情報技術）」でしたが、近年では「ＩＣＴ（information and Communication Technology／情報通信技術）」という言葉が生まれ、主流になってきています）。

早い段階でコンピューターやＩＣＴ技術にふれておき、「ゲームをする側」ではなく、プログラミングを学ぶことによって「ゲームを作る側」の思考を身につけるなど、一歩先をゆく教育を賢い親たちは進めているのです。

では、いつからコンピューター教育をスタートさせるとよいでしょうか。

コンピューター教育は小学校低学年からスタートすべきだと私は考えています。

最初はタブレットなどでも構いませんが、理想は子ども専用のパソコン（中古で構いません）を持たせて基本的な使用方法を教えてあげることです。

パソコンはネットサーフィンやチャットをするだけのツールではありません。音楽を作ったり、動画を作ったり、アニメを作ったり、もっとクリエイティブな使い方ができることを子どもに教えることが大切です。

欧米の小学校では、1年生からタイピング（ブラインドタッチ）やワードなどの基本ソフトの使い方を学びます。2〜3年生ではインターネットの利用方法、メールアカウントの作成方法などを学ぶとともに、パワーポイントプレゼンテーションを作成して発表したり、エクセルで表を作って発表することなども指導します。

高学年になると、宿題や成績の管理はすべてインターネット上で行うようになります。また、画像作成、音楽作成、動画作成など、アート面におけるコンピューターの可能性を体験させます。学校によってはプログラミングやアプリケーションの制作など、さらに高度な技術を教えることもあります。

さらには、コンピューターを使ってロボットのデザインをしたり、実際にロボットを製作してプログラミングをして動かしたりする「ロボティックス」と呼ばれる指導を導入している学校も多く存在します。

□小学4年生でゲーム攻略本を作ったマコア君

携帯ゲームが大好きな小学4年生のマコア君（仮名）は、ゲーム好きが高じて、ゲーム攻略本を作って友だちに売ることを考えつきました。

コンピューター知識が豊富だったマコア君は、編集ソフトを操って画像を加工し、テキストで攻略方法を打ち込み、16ページの攻略本を完成させたのです。翌日学校で「3ドル」で販売したところ、用意した3冊が瞬く間に売れてしまいました。

気をよくしたマコア君はもっと大量に本を作ろうと思い、学校のコピー機を内緒で使っていました。しかしすぐに先生に見つかり「勝手に学校のコピー機を使ってはいけない」とこっぴどく叱られる結果になってしまいました。

それでもあきらめきれないマコア君はコピーショップで攻略本を作ることにしました。ところがここで大問題が発生。16ページのコピー（カラーページを含む）を取るのに5ドルかかることが判明したのです。

3ドルで販売する攻略本を作るのに5ドルかかるのではビジネスとして成立しません。マコア君は「今日でこの会社は倒産だ！」と頭を抱え込みました。

こうしてマコア君の人生最初のビジネスは1日で解散となりましたが、この経験がきっかけとなり、興味はゲームからビジネスへと向かいました。

小学校6年の時には父親に頼み込んで自分のこづかいで株を運用し始めました。運よく株で数千ドルを手にしたマコア君はさらにビジネスへの興味を深めていきます。

アメリカの難関大学に進学してファイナンスを学んだマコア君は、現在国際金融マンとして世界最大規模の買収案件を手掛けるようになっています。

その昔、「ゲームはダメ!」と親が禁止していたら、きっとマコア君の人生はまったく違ったものになっていたことでしょう。

□ゲーム機は持っているが、PCを持っていない日本の子どもたち

2012年にOECDが72ヶ国(または地域)の15歳の生徒に対して行った調査によると、日本はインターネットとコンピューターの学校内外での使用について、ほとんどの項目において世界平均を下回っていることがわかりました。

中でも「学校外でコンピューターによって宿題をする」と答えた割合はデンマーク、オーストラリア、メキシコの生徒が90%以上だった一方で、日本の生徒はわずか9%で、調

学校外でコンピューターを使って宿題作成すると回答した者の比率

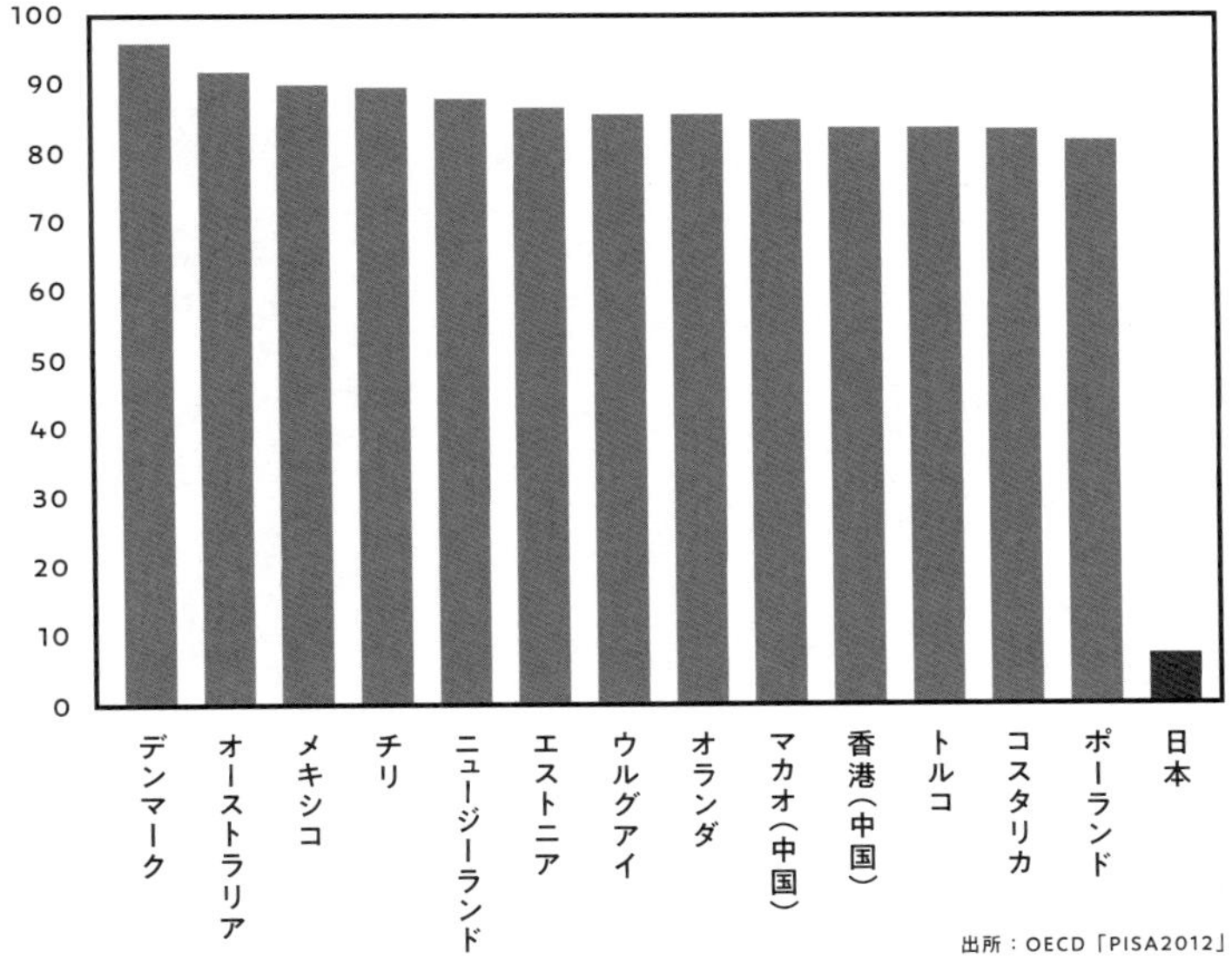

出所：OECD「PISA2012」

査国中で他を大きく引き離して最下位でした。

この調査では、日本の子どもは携帯ゲーム機の所有率が非常に高い一方で、コンピューターの所有率がずば抜けて低いこともわかっています。

学校教育の中でコンピューター使用が普及していないことも要因ですが、もう少し家庭でコンピューターの基本的な使用法や可能性を教えることが必要です。

コンピューターやインターネットを使ってどんなことができるのか、家庭でもテクノロジーの可能性を教えてあげることで、コンピューターサイエンスをもっと身近に感じさせることができます。

学校で取り組むコンピューター教育の例として、ハワイのプナホウスクールのケースを見てみましょう。プナホウスクールは１８４１年設立、幼稚園から高校までの一貫教育を行うハワイで最も伝統と歴史がある私立学校です。

プナホウスクールは今から20年前の１９９８年から、コンピューターテクノロジーに精通した人材ニーズが高まる社会構造の変化に生徒を適応させるため、すべての学年のカリキュラムにＭａｃを学習ツールとして組み込むことを決めました。

幼稚園から小学3年生の間までにＭａｃの基本的な使い方を習い、4年生からは全生徒が1台ずつコンピューターを持ちます。

レポートを書いたり試験を受けたりするだけでなく、画像、ビデオ、音声を駆使してプレゼンテーションファイルを作ったり、ビデオや音楽の編集まで行うようになるのです（この取り組みは、アップル社のホームページでも紹介されています）。

実際、プナホウスクールの6年生を教えるサンディー氏にインタビューしたところ、次のような答えが返ってきました。

「私が教壇に立ち、黒板に情報を書きながら教えることはなくなりました。代わりに黒板には問題を書きます。生徒たちは答えの見つけ方を知っているので、各自が自分のＭａｃを使って必要な情報を手に入れます。このようなインタラクティブな学び方は、生徒たちの集中力、授業に対する興味、学習意欲をより高めることができるのです」

先生の言うように、コンピューターが子どもによくないのではありません。

その使い方を知り、また使いこなすための思考力や積極性などがあれば、子どもは自在にコンピューターを使いこなしていくことができます。

問題は、やはり親がどのように向き合わせるかです。共にルールを決め、上手に使える環境を整えていくことです。

家庭で行うコンピューター教育とは

ルール作りと能力の伸ばし方

では、家庭でのコンピューター教育について年齢別に見ていきましょう。

4歳～6歳

小学校入学前の4歳～6歳の間は、教育ゲームや教育ソフトを使って、文字学習や簡単な計算をやらせるとよいでしょう。タイピングソフトを使って、ブラインドタッチができるように導いていくと、そのあとの学習が効率的になります。

特に日本のタイピングソフト（ゲーム）は優れたものが多いです。教える際は、ローマ字変換でもいいですし、日本語でのタイプでも構いません。

また、子どものメールアドレスを作り、使い方を教えます。最初は親子で始め、祖父母や親戚に頼んでメールのやりとりを教えていきます。

6歳〜9歳

小学校入学から3年生くらいまでは、ワード、エクセル、パワーポイントなど基本ソフトの使い方を教えていきます。音楽編集、画像編集、動画編集ソフトがあればその使い方も教え、実際に音楽や画像や動画を親子で作っていきます。

また、インターネットの使い方を教え、その際は「閲覧のルール」を忘れないように。さらに、オンラインチャットの方法を教えてもよいでしょう。

10歳〜12歳

高学年になってきたら、インターネットを勉強やリサーチに応用する方法を教えます（ここでクリティカルシンキングが活きてきます）。また、SNSのアカウントを作り、実際に使っていきます。その際、情報流出、スパムメール、ネットいじめ、ネット詐欺など、付き合い方についても考えてもらうようにするとよいでしょう。

□インターネット、ゲーム、ソーシャルメディアとの付き合い方

コンピューターにふれる機会を増やしていくと、当然ながらゲームや動画、またSNSなどにふれる機会も多くなっていきます。特にビデオゲームへの依存は多くの家庭で起きる問題です。過度に依存させないための仕組みについて見てみましょう。

1　スクリーンタイムのルールを子どもと一緒に作る

ゲーム、スマホ、インターネット、テレビ、これらを使う時間を英語では「スクリーンタイム」と呼びます。家庭では、このスクリーンタイムの時間制限を作ります。**ただし、この時間は親が一方的に決めてはいけません。**

子どもに相談し、考えを促し、一緒に決めるのがポイントです。そして紙に書き出して、子どもの目に入る場所に貼っておきます。「スクリーンタイムは1日2時間まで」と決めれば子どもはゲームの時間やスマホの時間を自分で管理するようになります。

2　メディアは、必ず家族のいる場所で使う

続いて、重要なのは置き場所です。ゲーム、テレビ、パソコンは必ず家族がいる場所に置きます。子ども専用のノートパソコンを与える時も、家族がいる場所で使うことをルールとするのです。また、食事の時はテレビは消します。食事は家族の会話を楽しむ時間であり、コミュニケーション能力を促す重要な場でもあるのです。

実際、賢い子が育つ家庭では食事中のメディアは一切禁止、という場合がほとんど。親がけじめのついた態度を示して、メディアとの付き合い方の見本を示すことも大切です。

3 子どもを暇にさせない

子どもがメディアに依存する一番の原因は「暇」なことです。

ですから、もっと多くの活動に参加させて、多様な人とふれあうこと、身体を動かすこと、自然と接することなどに時間を割きます。家庭で一人で遊ばせておくくらいならば、放課後の学童保育やスポーツ少年団、地域の子ども会、各種習い事へ参加させて、忙しくさせておくことをおすすめします。

□プログラミング教室へ通わせるべきか？

最近は子ども向けのコンピューター教室、プログラミング教室、ロボット製作教室など、STEM関連の習い事も増えてきています。子どもが興味を持っている場合、このような習い事に参加させるのも手です。

ただし、他の習い事と同じように、大切なことは基本的な知識と技能を家庭で教えておくことです。家でコンピューターをさわったことのない子どもをプログラミング教室に入れても、子どもは楽しむことはできません。知っているから楽しめるのです。

まずは家庭でタイピングを教えたり、Garage Bandのような音楽制作ソフトで音楽を作ってみたり、映像を加工してみたり、動画を取り込んでみたりと、コンピューターを使うことに慣れさせることが先決です。

また、教室に通わせても丸投げはいけません。家族でどんなことを習ってきたのかを共有して、さらに発展させていくことを実践してもらうように導きます。どんな習い事もそうですが、教室任せでは子どものモチベーションを維持させるのは難しいのです。

□算数の基礎が理系思考につながってゆく

子どもがICTの分野で強みを伸ばしていくのに欠かせない能力があります。

それは、算数です。プログラミングやシステム作りには、数式を使った論理力があってより大きな力を発揮できます。そこで、家庭で算数の練習問題に取り組ませ、小学校時代に算数を得意にしてあげることが近道です。

計算力の目標は「3学年先」です。小学3年生までに6年生の計算を教える、というイメージになります。

そんなの無理なのでは？　と思うかもしれませんが、数を扱う算数の場合は、教え方次第でいくらでも先取りができるのです。ただし、こちらもやはりレベルに合わない難しすぎる問題をやらせたり、苦行になりそうなほどの量をやらせてはいけません。1日15分程度で終わる量が望ましいです。

また、算数を日常生活の場面で使うことを教えてあげてください。買い物に行く時にグラム表示の食肉や野菜の金額を計算させたり、スーパーまでの距離と歩く時間から到着時刻を予測させてみたり、10%割引きクーポンを使うといくら得になるのかを計算させたり、買ったモノの合計金額の概算を親子で予測したり、消費税が加算されると合計いくらになるのかを考えさせたり、といった遊びをします。

また、同じ商品でも買う量が違うと価格が変わることがあります。250ミリリットル入りのジュースを１００円で買うのと、同じジュースを1リットル３５０円で買うのとではいくら割安になるのか？　といったことも数字遊びになります。

さらに子どもの身長や体重を測って、様々なものと比べさせてみます。自分の体重は30キロ。10キロのお米と自分の体重の比率はどれくらいか。自分の身長は1・2メートル、30センチのネギが何本あれば身長と同じ長さになるか。子どもの一歩の歩幅は身長×0・45、では自分の一歩の歩幅は何センチか。さらに、スーパーから家まで８００メートルだと、何歩必要になるか？

このように、日常生活の中で親子の遊びとして取り入れることが重要です。賢い親たちは、日頃から子どもたちの興味を刺激しながら数字に強い子どもを育てています。

Points

家庭での算数教育の基本

- 算数は「3学年先の内容」を目標にドリルなどに取り組ませる
- ただし、1日15分程度で終わらせられる量と難易度で
- 日常的に「計算問題」を出し、楽しく考えてもらう

第8章
子どもに用意すべき環境とは

賢い親は、子どもが自分で選んだように導く

──自主性と賢明な選択をどう両立させるか

□小学校までは、親が選択肢を与える

さて、最後の章では子どもを育てる環境、進路の選び方について見ていきます。

日本に限らず、どこで育てるか、どんな学校（公立か私立か）か、子どもを育てる環境は世界共通の悩みです。私のもとにも、受験や進路に関する悩みは非常に多く寄せられます。

まず、進路や環境選びのスタンスについて説明しておきましょう。

子どもが進学してやる気を失ったり、プレッシャーにつぶれたりするのは、多くの場合、「親の希望どおり」の進路を子どもが歩まされている──つまり、「**自分で選んだわけではない」と子どもが感じながら、無理やり受験をしたり、あるいは親の期待に応えよ**

うとしたりすることで起きています。

親の理想や、見栄、あるいは安心感といった親の都合で子どもの自主性を無視した結果、優秀な才能を持っていた子どもがつぶれていったという例がいくつもあるのです。

つまり、子どもの進路を考える際にもっとも重要なのは、「自主性を尊重すること」です。

しかしながら、一方でこんな問題が出てきます。

たとえば幼稚園を決める時、「子どもの意見を尊重します！」「子どもの感性を信じます！」という親がいますが、知識も経験も少なく、自分の強みや得意分野を理解していない3歳の子どもに「賢い選択」ができるでしょうか。

それは、地図の読み方を知らない子どもを、目的地も教えずに大海に送り出すようなものです。子どもによりよい人生を送ってもらうためには、自分で判断ができない年齢の時には、親が道筋を示さねばなりません。

自主性を尊重しながらも、子どもに賢い選択をさせなければいけない。どうすればよいでしょうか？

私は、小学校時代までの教育（習い事も含めて）の決定権は、親が持つべきだと考えています。

自主性の話と矛盾するようですが、重要なポイントは3つで、

Points

子どもの自主性と進路選びの兼ね合い

1　親が一方的に決めないこと
2　子どもの興味や強みにきちんと合っていること
3　いくつかの選択肢の中から、子ども自身に選ばせること

です。特に3つ目の「いくつかの選択肢の中から、子ども自身に選ばせること」が最も重要なポイントで、これをもっと言うと、「自分で選んでいる」と子どもに思わせるように導くテクニックなのです。

実際、賢い親たちはいくつかの選択肢を提示した中から、子どもに対して、「自分で決めていいよ」と選択権を与えているのです。

たとえば、AとBという雰囲気の異なる幼稚園があるとします。親から見て、子ども

の性格に合っている幼稚園がA、明らかに不適応な幼稚園がBだとしましょう。

この時、子どもに有無を言わさずに「Aに通わせる」と決めるのではなく、子どもとAとBの幼稚園に一緒に訪れます。

その上で、「どっちに通いたい？」と選択をさせるのです。幼い子どもであっても実際に幼稚園を訪れれば、どちらが楽しそうなのかすぐにわかります。

賢い親は、一方的に決定事項を伝えるのではなく、万事において子どもに選択をさせていくのです。

その幼稚園や学校に通いたいかどうかを子どもが自分で選ぶことで、「自主性を持って行動している」という気持ちが生まれます。自分で選ぶことの積み重ねが、本人のやる気となって、積極的に物事にチャレンジしたり、困難にへこたれないタフネスを獲得していきます。

子どもはどんなことを好きなのか、どんな環境が向いているのか、親ならわかるはずです。

子どもの特性・強みに合いそうな幼稚園を探してきて、子どもが楽しめることを確認した上で幼稚園見学に参加させるのです。そして、「あなたが決めていいよ」と選択肢を与えることで、子どもは自分の意思で「ここに行きたい！」と言うわけです。

中学受験などの場合も同じで、一方的に親が決めるのではなく、子どもがその中学に通いたいと思わせる「仕組み作り」が大切です。

その学校の文化祭やイベントに参加してみたり、在校生や卒業生と話をする機会を作ったりして、上手に子どもの興味を引き出します。

子どもの自主性を重んじながら、子どもの強みを開花させる環境を選ぶ。このことを前提に、子どもの環境選びを見ていきましょう。

学校が何とかしてくれるという幻想は抱かない

多数の選択肢から何を選ぶか

□教育環境は、シンプルに考えてゆく

子どもの教育環境を選ぶ時、親はどのような考え方をすべきでしょうか。

それは、「あれもこれも」ではなく、シンプルにしていくことです。

特に最初の習い事や学校選びに関しては、子どもの性格や心身・知能の発達状況を見極めた上で、我が子に合った環境を考えます。

何事も最初の印象が肝心で、最初の経験が楽しいものであれば、子どもは学校が好きになりますから、学力や人間関係をスムーズに構築できます。

最初の経験が悪いと学校嫌いにしてしまいますから、学齢期を通して学校に対して不信感を持たせてしまう可能性があります。学校の先生の対応や、まわりの子どもたちとの関

わりによって、子どもは学校を好きにも嫌いにもなり得るのです。

極端な話ですが、日本からアメリカに移り住んできたばかりの子どもを、アメリカの学校にポンと入れたらどうなるのかを想像してもらいたいのです。子どもは英語がわからず、授業がわからず、友だちができず、文化や習慣の違いがわからず、学校不適応を引き起こします。最悪の場合、不登校になったり引きこもったりします。

日本で子どもの学校を選ぶ際も、同じように慎重に考えてもらいたいのです。

子どもだからすぐ慣れるだろう、というのは多様化が進んだ現代社会では非常に危険な考えです。すべての子どもが学校に適応できるのであれば、いじめや学力不振や不登校などの問題は一切起きないはずなのです。

幼児期から児童期の子どもの環境を作るのは親です。子どもは自分で環境を選ぶことができません。ですから、親が我が子にとって最高の環境を探してあげることが重要なのです。

□高すぎる期待は禁物である

しかしながら、現在は都市部を中心に選択肢が限りなく増えてきています。学校であれば、私立・公立はもちろん、一貫教育校、モンテッソーリやシュタイナーなどの理念を実践する学校、国際バカロレア認定校、イマージョンスクール、インターナショナルスクールなど、特色ある学校も増えています。

選択肢が多いというのは豊かなようですが、一方で親にはクリティカルシンキングが必要です。どうしたら我が子にベストマッチの学校を選ぶことができるのか、洞察力と想像力を働かせて考えていかなければなりません。

習い事においても同様で、英語が必要だ、プログラミングが必要だ、スポーツが必要だと、子どもの好き嫌いや特性を無視してたくさんの習い事に通わせても、結局何も身につかず失敗経験につながっては本末転倒です。

「選択」研究の第一人者、コロンビア大学のシーナ・アイエンガー教授は言います。

「選択肢の過剰は、弊害のほうが大きい。選択肢が多すぎると、人は正しい判断ができなくなり、選択しないことを選択する。たとえ客観的に正しい選択をしたとしても、自分の選択に満足することができなくなってしまう」

また、スワスモア大学のパリー・シュワルツ博士はこう言います。

「選択肢の多さが人々の幸福度を下げている。間違った選択をしてはならない、というプレッシャーを与え、選ばなかったほうの選択肢が頭から離れず、後悔する。また選択肢が多いと、選択するものに対する期待値が高まり、何を選んでも満足できない」

学校や習い事選びにも同じことが当てはまります。

都会に住み、選択肢が多いことは一見すると子どもにとって「豊か」に思えます。しかし多くの親は子どもにとってベストな環境を選ぶことができなくなってしまうのです。また、「たくさんの選択肢から選んだのだから、最高の教育を与えてくれるだろう」という期待感が高まり、現実とのギャップが生じた時、自分の選択を後悔したり、モンスターペアレント化するケースが多いのです。

上手な選択をするには、余計なものを排除することが大切です。**子どもの強み、いい面、長所を伸ばしてくれる環境は何か？　まずはその一点だけに集中して考えることが原則です。**スポーツ系、アート系、勉強系とカテゴリーを分けて、それぞれから「我が子の強みを伸ばしてくれるもの」を選ぶことに尽力してください。

□一人の先生が何十人もの生徒をケアすることはできない

現代の教育で起こっている問題の多くは、多様化が進み選択肢が増え過ぎたことに一因があると私は考えています。何も頼る先がなければ、親は子どもの教育や強み育てを自分の責任でやらなければならないのです。

ところが社会が豊かになり、便利になり、多様になり、選択肢が増えたことで、子どもの教育や習い事を「誰に任せるのか」ということばかりに気を取られるようになってしまいました。

その結果、子どもの教育を学校や習い事に丸投げする親が増えたのです。

子どもの教育の責任者は親です。学校や習い事は学びのガイドラインや学問のおもしろさを教えてくれる場であり、競争環境を作ってくれる場であり、周囲と協力し合うことや助け合うことを教えてくれる場です。

どんなに才能溢れる子どもでも、学校や習い事に丸投げしてしまうと、強みの芽が伸び止まってしまう可能性が高くなるのです。

教育は、子どもが大海原に航海に乗り出していくための準備をしてあげること。親の役割は、荒海の中でどんな困難や障害にぶつかっても、それを乗り越えていけるだけの知識や技能や気質を身につけさせることです。嵐に巻き込まれ、行く先を見失っている子どもを見て「学校のせいだ！」「先生の教え方が悪かったんだ！」と言っても、手遅れなのです。

とにかく、子どもの教育を他人に丸投げしてはいけません。先生は一人で何十人もの生徒を面倒見ているのですから、一人ひとりの子どもに行き届いたケアや教育指導を与え、「強み」を伸ばしてあげることなど物理的に不可能なのです。

親が子どもの性格や強みを見極め、我が子にベストマッチの環境を選んであげることは大切です。しかしどんな環境であろうとも、親のサポートがある子は伸び続け、丸投げされた子どもは伸び止まるということを肝に銘じてください。学校や習い事に過剰な期待をしてはいけないのです。

幼稚園選びのポイント

本当に子どもを通わせたいのか、足を運ぶ

□幼稚園は、訪問して自分の目で確かめる

まずは、幼稚園から見ていきます。幼稚園は、子どもの学校経験の始まりです。

近所の幼稚園、自由な校風の幼稚園、礼儀やしつけ重視の幼稚園、お勉強重視の幼稚園、学年が入り交じる縦割りの幼稚園、英語教育を取り入れている幼稚園など、選択肢が多いので悩むところです。

どの親も子どもに合った幼稚園、子どもの個性を伸ばしてくれる幼稚園を選んであげたいと望みますが、年齢が低い子どもの特性を見極めるのは難しいことです。

幼稚園選びのポイントは、親が幼稚園に（何度か）足を運んで「本当に我が子を通わせたいのか」を自分の目で見極めることです。

- 施設の充実度
- 先生の人柄（明るいことが大切）
- 先生の指導方法
- 先生と子どもの数の比率
- 園長先生の教育方針
- 通っている子どもたちの雰囲気や表情
- 父兄の雰囲気

こういったことを観察しましょう。

いくら評判がよくても、実際に見てみると「ちょっと雰囲気が違うな」と感じるかもしれません。

また、見極めのポイントとして外せないのが子どもの性格に合うかどうかです。

たとえば、活発な子どもをしつけにうるさい幼稚園に入れて抑えつけようとしてはいけません。活発な性格は子どもの特性の一つです。そんな子は自由に走り回れる環境に入れてあげれば、将来オリンピックアスリートに化けるかもしれないのです。

絵を描いたり、ブロック遊びをしたり、本を読むことが好き、一人でじっくり学ぶタイプの子であれば、勉強重視の幼稚園がマッチします。保護者も幼稚園の先生も「勉強第一」という価値観を共有していますから、親子とも居心地よく、周囲の子どもも似たようなタイプが多く、安心して子どもを預けることができます。

また、幼稚園の規模も重要です。消極的な性格の子どもであれば、できるだけ小さな、家庭的な雰囲気の幼稚園のほうが安心して過ごせるでしょう。また一人の先生が教える生徒の数が少ない園のほうが細かい部分にまで目が行き届きます。

最近はモンテッソーリのように、学年を分けないで縦割り教育を実施する園も増えています。年齢を超えて子どもたちが助け合い、ふれあうことができるので、一人っ子が増えた現代社会では貴重な体験ができます。

縦割り幼稚園では、入園したばかりの年少者に対して年上の子が「一緒に遊ぼう」と声をかけてあげたり、消極的な子どもに対して「どうしたの?」と心配してあげたりする姿が見られます。年少の時に年上の子どもに助けられて成長した子どもは、自分が上の学年になった時に年少者を助ける側に回ります。このような助け合いの精神、兄弟姉妹のような関係を他者と構築する環境が子どもにとって悪いはずがありません。

また、年齢の違う子どもと関わることによって言語や思考が刺激されます。特に年少者の時は言葉も未発達で思考も幼稚ですから、年上の子どもたちとふれあうことによって、より多くの言語に触れることができます。また子ども同士のトラブルに上の年齢の子が介入することで、賢い問題解決方法を学ぶことができます。

しかしながら、子どもによっては縦割り保育が合わない場合もあります。一人で遊ぶことが好きな子ども、一人でコツコツと物事に取り組む傾向が強い場合は、集団の中で学ぶことよりも、勉強重視の環境のほうが伸びる傾向があります。

いずれにしても、親が幼稚園を訪問して自分の目で確認することです。隅々まで子どもたちの様子を観察しましょう。一人でポツンとしている子どもがいないか、先生の指導が偏っていないか。我が子がその園の生徒になっている姿をイメージして、その環境の中でポジティブな経験ができるのかを見極めてください。

くれぐれも幼稚園の名前や周囲やネットの評判にまどわされないように注意が必要です。繰り返しますが、子どもの教育の責任者は親です。親が説明会や幼稚園訪問をして自分の目で見極めてください。子どもは毎日5〜6時間を幼稚園で過ごします。両親は「自分も毎日通う」という視点で選ぶことが大切です。

小学校選びのポイント

将来を視野に入れながら選択する

□小学校選びは、将来の目標を考慮に入れて

小学校は子どもが6年間過ごす場所です。小学校での経験が子どもの学力発達、対人関係、考える力、中学受験などにも大きく関わってきます。小学校の選択肢がある場合は、「将来の目標」を考慮に入れて選ぶことがポイントです。

たとえば中学受験を視野に入れているのであれば、中学受験があたりまえという環境に入れることで、子どもはごく自然に中学受験を考えるようになります。**反対に中学受験を考えていないのに中学受験があたりまえという環境に入れると、子どもが劣等感覚を持つ可能性があります。**

「子どもに国際感覚を身につけさせること」を目指す家庭であれば、英語教育に熱心な学

校や国際バカロレア認定校などを選択するのがよいでしょう。国際交流の機会が多く、クラスメートにも英語が話せる子ども、海外経験のある子が多いでしょうから、子どもにとっても大いに刺激になるはずです。ただし繰り返しますが、子どもの強み、性格を前提にして選ばないと、子どもに失敗体験を植え付けることになります。

最新のＳＴＥＭ教育を学ばせたいという場合でも、ＩＣＴ環境を普及させるためのモデル校も増えてきています。ロボティックスやコンピュータープログラミングの方向に子どもを導きたいという方針であれば、理数系に力を入れている小学校を選ぶとよいでしょう。

小学校を決める前（できれば入学の1年前まで）にパートナーと話し合い「家庭の教育方針」を決めましょう。勉強面、習い事面（スポーツ系とアート系）、中学受験について、夫婦で方針を共有し、方針にマッチした学校を探していきます。

また、公立、私立、国立、どの小学校を選ぶかによってかかる費用がずいぶんと変わってきます。

小学校は子どもの性格や特性に合っていることが一番ですが、家庭の経済的なゆとりも考慮した上で選ぶことがポイントです。小学校は父兄の関わりも大きいですから、両親も子どもも居心地がよい環境を選ぶことが大切です。

□私立学校は教育理念への共感がポイント

子どもに私立学校を選択する場合、受験して合格するかどうかは別に、いくつかのポイントがあります。

第一に経済面の長期計画を立てること。私立小学校に進学する子どもの多くは、中学、高校、大学も私立学校に進学するケースが多いです。12年間（大学も私立だと16年間）私立学校に通わせられる経済的な見通しがあることが大前提です。

また学費の他にも、習い事の費用も想定しておく必要があります。私立学校には音楽やスポーツなどの課外活動に本気で打ち込んでいる生徒が多くいます。子どもが「強み作り」において引け目やコンプレックスを感じることがないように、**課外活動費についても計画を立てておく必要があります。**

第二に「学校名」に踊らされないこと。それぞれの私立学校は独自の教育理念や建学の精神があります。それを無視して**名前だけで学校を選ぶとミスマッチが起こりやすくなり**

ます。

たとえば慶應義塾の建学の精神は『福沢諭吉の教育理念である「独立自尊」の教えを重視する。また「独立」とともに「関係性」を、「自尊」に加えて「他人への思いやり」を大事にする子どもを育てる』です。

雙葉《ふたば》学園の建学精神は『徳においては純真に、義務においては堅実に』を校訓とし、カトリックの精神に基づき、全人教育を目指す。幼稚園より高等学校まで上級進学の資格を与え、一貫教育を行う』です。

私立学校は、このような建学の精神をサポートする人たち（学校の先生や父兄や卒業生）によって伝統が脈々と受け継がれています。ですから学校の教育理念に両親が賛同できることがポイントなのです。学校の精神や理念を考慮せずに名前だけで選ぶと、子どもが学校の雰囲気に馴染めなかったり、親も父兄の雰囲気や先生の考え方に共感できず、結果として子どもに居心地の悪さを経験させることになります。

□公立小学校を選択する場合は、エリアや生徒と先生の比率を考慮

子どもに公立小学校を選択する場合は「学区」が重要なポイントです。学区内の小学校の評判が悪い、あるいは家庭の教育方針と学校環境との差が大きいという場合は、妥協せずに越境入学や引っ越しというオプションも検討してください。

公立小学校は、私立小学校のように教育方針や価値観に賛同する人たちの集まりではありません。そのエリアに住む子どもたちが、地域内にある小学校に通ってきているのです。つまり地域の特徴＝学校の特徴になりやすいということです。

新興住宅地であればサラリーマン家庭の子どもが多いでしょう。歴史ある城下町や下町なら商売を営んでいる家庭が多いかもしれません。工業地域であれば職人さんや製造業に従事する家庭が多いでしょう。富裕層向けの閑静な住宅地であれば所得の高い人でなければ住めません。また住宅地でも文教都市と呼ばれるエリアは教育熱心な家庭が多いという特徴があります。

学区の次には先生と生徒の比率に目を向けるとよいでしょう。一人の先生が35人を教え

る学校もあれば、20人の学校もあります。もちろん生徒が少ないほうがよく目が行き届きますから、きめ細かい指導が期待できます。

また1学年に5クラスある学校もあれば、1学年に1クラスしかない学校もあります。学年が低いうちは小規模の学校のほうが子どもにとって安心感が大きいですが、6年間ずっと同じ仲間というのは、中高学年になると少々物足りないと感じるかもしれません。

もし近所の小学校が1学年1クラスの場合は、習い事を通して学校のクラスメートとは違う仲間と出会うチャンスを作ってあげることをおすすめします。

□国立小学校は特性を理解した上で

国立小学校は、国立大学の教育系学部における教育研究を目的としています。まずはこの点を理解した上で、子どもを受験させるか検討する必要があります。また、国立小学校の受験はペーパー試験、くじびき、面接など学校により方式は様々。能力があれば必ずしも合格できるわけではないので注意が必要です。

国立小学校は教育研究を目的としていますから、STEM分野や考える力など最新の教育を受けられるチャンスがあります。その反面、学生の教育研修にも活用されますから、クラスに見学者がいたり、研修生がいることも多くあります。教育研究の場に我が子を置くことがプラスであるのか、マイナスであるのか、慎重に考えて判断してください。

また国立小学校は保護者の関与が極めて重視されます。親が学校の教育方針に賛同し、積極的に学校行事に関与することが大前提です。遠足、文化祭、運動会、季節ごとの行事は保護者の協力が求められ、学校に丸投げすることはできませんので、親に時間的なゆとりがあることも大切です。

国立小学校は非常に人気が高く、親に熱が入りすぎると子ども不在の押しつけ教育に陥りがちなので注意してください。子どもの成長を長い目で捉え、目先の受験に踊らされないよう、子どもの強みを伸ばしてくれる最高の環境は何か？　を忘れないことです。

中学校選びのポイント

親の希望ではなく、子どもの自主性を大切に

□子どもの納得度が学びの質を変える

小学校高学年になると、子どもの個性や好き嫌いがかなりハッキリしてきます。また、親よりも友だちの影響が大きくなってくる時期です。中学校選びについては、親の希望で押しつけるのでなく、子どもの意思や意欲を尊重することが大切です。

とは言え、まだ子どもです。１００％子どもの判断に任せるのではなく、親がアドバイザーとなり、子どもの学力、強み、個性などを客観的に判断した上で、子どもが自分の意思で自分に合った環境を選択できるように導きます。

中学受験をする場合、**親に言われて渋々勉強するのと、本人が行きたくて本気で勉強するのでは結果がまったく違ってきます。**目的を持って本気で勉強に挑めば確実に学力は伸

びますし、進学後の学校生活も実り多い経験となります。

□勉強・スポーツ・音楽などで才能がある子の場合

子どもが何らかの才能や特技を持っている場合、それを最大限に伸ばしてくれる環境を親がリサーチして子どもに提案してあげましょう。サッカーで秀でた才能がある子であればサッカーが強い学校、音楽の才能があれば音楽に熱心な学校、英語が得意な子であれば国際教育に熱心な学校、といった具合です。

当然、勉強でもスポーツでも高いレベルの学校に行けば競争も激しくなるので、子どもの能力を客観的に判断して、子どもにマッチするレベルの学校を見つけてあげてください。

子どもの能力を高めていくコツは、今の実力よりも少し高いレベルの環境、手に届く範囲の競争を与え続けることです。いきなり高すぎる目標設定をすると失敗の原因になることが多いので、くれぐれも注意してください。

□私立中学を選ぶ場合

私立中学を選ぶ場合、受験を突破することが前提となります。子どもが「行きたい！」と本気で思えることが合否を分けます。親の希望でなく、子どもが「絶対にこの学校に通いたい！」と思えるように親が仕組みを作り、上手に導く必要があるのです。

勉強が得意な子であれば、その中学校の大学進学実績を調べて子どもに教えてあげたり、スポーツが得意な子の場合はスポーツ実績を調べて「こんな有名な選手がいたんだよ！」と教えてあげるなどです。

子どもが興味を持った学校を見つけたら、**学校訪問／学校説明会／オープンキャンパス／文化祭に参加**しましょう。子どもには「この中学校で3年間過ごす自分の姿を想像するように」と伝えておきます。すると、子どもが主体性を持って学校の設備、先生の人柄や教え方、生徒の雰囲気などを観察するようになります。

子どもが「行きたい！」と思える学校を見つけたら、**その学校の在校生や卒業生と話をする機会も作ってあげてください**。塾の先生、学校の先生などに相談すれば、誰か一人は見つかるはずです。子どものモチベーションを上げる一番の方法は身近なアイドルを見つけてあげることです。「この先輩みたいになりたい！」と思わせることができれば、本気で勉強するようになります。

子どもが受験を決めたら、親も最大限のサポートをしましょう。受験勉強を塾や子ども任せにしてはいけません。親も受験するという覚悟で挑んでください。

□公立中学を選ぶ場合

公立中学については、公立小学区を参考にしてください。すなわち学区にある学校が子どもの個性や学力や能力に合わないと判断した場合は、越境・引っ越しを視野に入れましょう。

子どもを育てるなら、地方か都会か

環境のメリットを活かして育てる

□結局は、親のサポートにすべてがかかっている

子育ての質問でよく寄せられるのが、「子どもを育てる環境は、都会と地方どちらがいいのか」というものです。

比べれば、当然メリットデメリットがあります。

都会は学校や習い事の選択肢が多いのがメリットですが、これは結果として子どもを右に左に引きずり回したり、習い事を次々に変えて「失敗経験」をさせてしまうことにもつながる諸刃の剣です。

一方地方の場合、学校や習い事の選択肢が少なく、親が「自分の責任で立派に育てる！」という覚悟を持ちやすい環境だと言えます。しかし地方はコミュニティーが狭く、

子どもが環境にうまくマッチしない場合は居心地の悪さをずっと抱えていかなければならない、逃げ場がないという面があります。

結論を言えば、地方であれ都会であれ、子どもの能力に差を生むのは、どれだけ親が本気でサポートしたか、なのです。

勉強ができる子、成功する子は、世界中のどこに住んでいようとも、親のサポートによっていい学習態度を身につけ、強みを伸ばし、多様な人たちと関わり、小さな成功体験を積み重ね、どんな環境の変化にも負けない大きな自信を育ててもらっているのです。

それはすべて、親の接し方です。地方か都会かは関係ありません。様々なアプローチの結果として、子どもの自信を強くするということが親のやるべきことなのです。

そのためには、**まずは両親が自信過剰になって、確信を持って日々の子育てにあたらねばなりません。氾濫する情報に惑わされず、何が起こっても右往左往せず、確信を持って子育てに対応する両親が子どもは大好きなのです。**

親がどっしり構えていると、子どもは安心してついていくことができます。親を尊敬しますから、「ああしなさい」「こうしなさい」といちいち言わなくても、子どもが自主的に自分のやるべきことをやるようになるのです。

□中学からは環境を変えることを考慮する

幼児期から児童期までは、地方でも都会でも、子どもが学ぶ知識や技能や環境に大差はありません。差を生むのは親のサポートの差です。

しかし、中学校からは異なってきます。

地方・都会を必要に応じて選択することも視野に入れる必要があるでしょう。勉強が得意な子どもであれば、周囲にも勉強をがんばる子どもがいる環境、スポーツが得意な子であれば、周囲にもスポーツをがんばる子がいる環境、勉強もスポーツもがんばる子であれば文武両道の環境が子どもを一回り大きく成長させてくれます。

また特定分野で著しい才能がある子であれば、その才能を伸ばしてくれる環境、より高いレベルの競争ができる環境を選択することが必要になります。

英語で「Get out of comfortable zone」という言葉があります。「居心地のよい場所から離れろ」という意味です。人間の成長にとっては「居心地がよすぎることは危険である」ことを警告する言葉です。

イェール大学のロバート・ヤーキーズ教授と心理学者のジョン・ドットソン氏は、パフォーマンスを最大限に発揮するには、相対的に不安な状態、つまりいつもより少しストレスが高い状態が必要であるという「ヤーキーズ・ドットソンの法則」を提唱しました。

伸び続ける子どもを観察していると、自分の現状に決して満足しないことがわかります。常にワンランク上を目指して努力を継続しています。そしてワンランク上を達成したら、さらにワンランク上を目指す。そうしてずっと右肩上がりに伸びていくことができるのです。

ポイントは「ワンランク上」です。決して高すぎる目標設定をしてはいけません。自分の手に届く範囲で目標を定めて挑戦をしています。階段を3つ、4つ飛ばして上ろうとしない。一段一段着実に実力をつけていく。地道で根気のいる作業ですが、これを実践しているのが突き抜ける子どもたちです。

もちろん子どもが自分でそうなったのではありません。親が上手に環境のレベルを上げているのです。子どもが達成できる範囲で「ワンランク上」の環境に挑戦させています。ヤーキーズ教授の言葉を借りれば「少しだけストレスが高い状態」を作っているのです。

日本で公立の小中学校に通う場合、9年間同じ地域に住む仲間と同じ学校に通います。当然、似たような仲間、気の合う仲間がグループを作ります。それはそれで楽しいのですが、必然的に世界が狭くなり、価値観に偏りが生まれてしまうのです。

特に地方の場合はコミュニティーが小さく多様性が乏しい傾向があるので、子どもの世界観が広がりにくい面はあります。

とは言え、今の時代はわざわざ引っ越しをしなくても、子どもの世界を広げることはいくらでもできます。夏休みを利用して都会生活（あるいは海外生活）を経験させたり、泊まり込みのサマースクールやサマーキャンプに参加するなど、方法はあるのです。

□すべてにおいて、「いい面」に目を向ける

地方、都会、それぞれにメリットとデメリットがあります。地方に暮らす人は教育施設の選択肢が少ない、子どもの活動機会や交流範囲が狭いなど、都会に比べて不利だと感じることが多いかもしれません。

都会に暮らす人は教育の選択肢は多いですが、多すぎて何を選んでいいのかわからない、選んでも満足できない、何をするにも教育費が高い！　などの悩みは尽きません。さらに人が密集しているので、子どもが何をするにも競争とストレスが大きく、特技や自信

が育ちにくいという欠点があります。

大切なのは自分たちの住む土地の「悪い面」に目を向けるのでなく、「いい面」を積極的に利用することです。隣の芝生を見てうらやむのはやめましょう。

地方であれば、自然に親しんだり、思い切り身体を動かしたり、地域に伝わる伝統的な文化活動に参加したり、都会では味わえないよさがたくさんあります。またコミュニティーが結束している分、年齢を超えて様々な人と接する機会も多くあるでしょう。

都会には、博物館、美術館、水族館、動物園、図書館、児童館などの教育施設がたくさんあります。これらを子どもの教育に活用しましょう。

もっと身近にある「いい面」に目を向けて、子育てや教育に活用してください。住む場所も教育も「いい面」に目を向けることが最大の秘訣です。

夏休みの過ごし方が伸びしろを決める

——自信を飛躍させる1ヶ月

□たった12回の夏休みをどう使うか

その昔、日本に「夏休み」はなかったと言います。

では、いつ夏休みができたかというと、明治時代でした。政府がアメリカの学校制度を模倣して夏休みを取り入れたのです（なお本家アメリカでは、夏休みは6月初旬から8月下旬まで、日数にすると80〜90日間が休みになります。アメリカの学校の平均授業日数は年180日なので、その半分に当たる90日間も休暇です）。

小学校から高校卒業まで、夏休みはたった12回です。数十日という長い時間をどう使うかが非常に重要で、子どもの自立を促し、能力や自信をつけるチャンスになります。

いつもとは違う仲間や違う年齢の人と交わったり、新たなチャレンジをする機会は、夏休みが最適なのです。

真剣にスポーツに取り組んでいる子どもであれば、スポーツ合宿に参加して技術を周囲よりも一歩引き上げることができます。夏休みに毎日サッカーを練習すれば、間違いなく技能も精神面も一回り成長させることができます。

実家に戻って祖父母と過ごす時間も大切ですが、家の中で過ごすだけで終わらせてはいけません。地方の子ども会に参加させたり、伝統文化にふれさせたり、自然の中でサバイバル体験をしてみたり、夏休みだからこそできる経験や環境を子どもに与えてください。

最近は日本でも、自然体験キャンプや山村留学体験キャンプなど、親元を離れて集団生活を経験できるプログラムも増えてきました。

このようなプログラムを利用しない手はありません。

□ハワイのサマープログラム

子どもに異文化経験をさせたい、生きた英語にふれさせたいという国際派の家庭には、ハワイのサマープログラムがおすすめです。スポーツ、演劇、音楽、絵画、国際交流、キャンプなど、子どもの興味に合わせて多様なプログラムが用意されています。

一般的にサマープログラムへ参加できる年齢は5歳以上です。プログラムの多くは6月初旬から8月下旬にかけて実施され、4週間〜6週間といった長期のものの他、1週間単位で参加できるものもあります。

ハワイのサマープログラムは、私立学校が主催するもの、非営利団体が主催するもの、一般企業・団体が主催するものに大別されます。

学校主催のサマースクールは、学校の設備を利用して、勉強、音楽、芸術などを教える学術コースが主体です。プリスクールや幼稚園レベルでは、勉強というよりは、遊びや実体験を通して知的好奇心や学習意欲を高める活動に重点が置かれています。

YMCAやKamaaina Kidsなどが主催するサマーファンは、博物館や水族館などを訪れて様々なアクティビティーに参加するプログラムです。動植物に触れたり、ハワイの文化体験をしたり、仲間とスポーツやゲームをしたりと盛りだくさんの内容です。サマーファンは「遊び中心」であり、子どもの体力作りや社会性の育成を期待するものです。

企業や団体主催のプログラムは、勉強からスポーツまで目的に応じて選択できます。テニス漬けにしたければテニスアカデミー、演劇漬けにしたければシアタープログラム、英語漬けにしたければ集中英語講座など、子どもの得意分野を伸ばしたい方におすすめです。

子どもに合ったサマープログラムを選ぶには情報収集がカギです。どういう子どもが参加するのか、指導者の資格や経験は十分か、安全面の配慮は行き届いているか、などを確認しましょう。安易に海外のプログラムを選ぶと、子どもが適応できずに嫌な思いをすることがあるので注意してください。

インターか、イマージョンか、留学か

英語教育を取り入れる場合

本書でもお伝えしていますが、「これから英語は必須」だとよく言われています。そのため、子どもに英語を話せるようになってもらいたい、国際感覚を身につけてもらいたい、という親も増えてきました。

ここでは、海外を見据えた子育てを考える方への選択肢を紹介します。

□イマージョン教育とは

日本で生活しながら英語に堪能な子どもを育てる教育法として注目されているのが「イマージョン教育」です。イマージョン教育は、1965年カナダのケベック州（フランス語圏）の幼稚園で英語とフランス語を教育するために始まりました。イマージョンは「浸る」という意味で、英語イマージョンであれば、英語に浸ることを意味します。

大雑把に説明すれば、日本語（国語）に加えて、英語で教科（算数、理科、社会）を学習するカリキュラムです。学校によって日本語と英語の指導比率は異なります。一例をあげると、小学1年生では日本語8割で英語2割の比率からスタートし、学年が上がるにつれ英語の比率を高めて、小学6年生では日本語2割、英語8割で学ぶというイメージです。

イマージョン教育では、数学、理科、社会、体育、音楽、図工などの科目を英語で学びます。また、先生・生徒間のコミュニケーションも基本英語で行われます。授業は英語のネイティブスピーカーが担当し、必要に応じてボディランゲージ、ジェスチャー、視覚教材などを利用して子どもの理解を促していきます。

日本でイマージョン教育を受けられる学校としては、加藤学園暁秀初等学校（静岡）、ぐんま国際アカデミー（群馬）、啓明学園初等学校（東京）、玉川学園小学部（東京）、ＬＣＡ国際小学校（神奈川）、開智小学校（埼玉）、暁星国際小学校（千葉）など。地方では明泉丸山幼稚園・明泉高森幼稚園（宮城）、英数学館小学校（広島）、リンデンホールスクール小学部・中高学部（福岡）などがあります。

□インターナショナルスクールとは

続いて、インターナショナルスクールです。インターナショナルスクールは授業がすべて英語で行われます。

イマージョン教育校との決定的な違いは、学校教育法上の学校にあたるか否かです。

実はインターナショナルスクールの多くは、学校教育法上の小学校、中学校に該当しません。インターナショナルスクールを卒業しても日本のルールでは、正式に「小学校」「中学校」を卒業したと認められないケースもありえます。

国際色はより強い分、親も英語が堪能でないと子どもをフォローできず、つらい体験をさせてしまう可能性があるので注意が必要です。

□国際バカロレアとは

次に、国際バカロレア（ＩＢ）です。国際バカロレアとは、国家や地域の壁を越えた国際共通教育プログラムで、世界中を移動する家庭の子どもがスムーズに学校適応できるよう、国際的に認められる大学入学資格を作ろうという動きから生まれました。このプログラムで発行されるＩＢディプロマ（ＩＢＤＰ）という資格を取ると、世界各国の大学の受験が可能となります。

国際バカロレアには年齢に応じた3つの教育プログラムがあり、3歳〜12歳を対象としたＰＹＰ（プライマリー・イヤーズ・プログラム）。11歳〜16歳までを対象としたＭＹＰ（ミドル・イヤーズ・プログラム）。16歳〜19歳までを対象としたＤＰ（ディプロマ・プログラム）で、この最終試験で合格すると、世界中の大学受験の資格をもらえます。

文部科学省はＩＢ認定校を２０２０年までに２００校以上にする方針を掲げていますが、国内ではまだ少ないのが現状です。上智や慶應大学などがその対象になります。

これから広がりが考えられますので、子どもの個性を伸ばす教育、世界の舞台で活躍することを望んでいる場合は検討する価値はあると思います。

□留学をさせる最適な時期は

国際色の強い学校に入れるというのもよいのですが、子どもに使える英語力を身につけさせるという意味で効率的なのは、やはり留学です。

もちろん費用はかかりますが、奨学金制度も充実してきており、本人のやる気次第では経済的な負担も少なく留学することが可能です。

留学の期間は最低でも1年間、と考えたほうがよいでしょう。また、留学先はできるだけ日本人が少ない英語圏が望ましいです。

英語力はもちろん、欧米的コミュニケーションスキル、思考力、何よりも「自分は世界でやっていける」という自信を得ることができます。この自信は、日本を出て世界を体験しなければ得ることができません。

同年代の外国人と交流し、友だちになり、意見交換し、競争することによって「人はみんな同じだ」ということを実感できるのです。この経験を社会に出る前に積んでいるのといないのでは、人生に向き合う態度が変わってきます。

留学させる時期はティーンエイジャー、理想を言えば高校時代がおすすめです。

留学するためのコストですが、AFSやYFUといった「交換留学」の制度を利用すると格安で済みます。これらの制度は公的な補助やボランティアで成立しているので、1年間の留学費用は百数十万円です。

「トビタテ！　留学JAPAN高校生コース」では14日間〜1年間の留学が可能です。経済的に大変な家庭であっても、本人のやる気があれば、官民あげて支援をするという画期的な奨学金です。経済的に厳しいからと留学をためらっているティーンエイジャーはぜひチャレンジすることをおすすめします。

おわりに

様々な変化が常に起き、「先のわからない時代」と言われますが、世の中がどう変わろうとも、子どもが生き残っていくために必要な能力、普遍的な力を突き詰めていくと、一つの答えにたどり着きます。

それは、自信です。「自分はできる」という自信が心の根底にどっしりと根を張っていれば、どんな大風や荒波に遭おうとも必ず乗り越えていくことができます。

子どもが20歳になり社会人への道を歩み始める時、この自信を育てられたかどうかが、子育ての「成否」の一つのラインとなります。子どもを圧倒的な天才にする必要はありません。自分の人生を堂々と生きてもらえるように、そのために親は存在しているのです。

おさらいすると、そんな家庭教育の柱となるポイントは、3つ。「よい習慣」「思考力」「アイデンティティの確立」だとお伝えしてきました。そして、そこに付随する習い事、英語教育、ＩＣＴ教育など多岐にわたって紹介してきました。

間違えてほしくないのは、これらをすべて子どもに身につけさせてくださいということではありません。まずは、一つでよいのです。子どもの「特性」を伸ばせるものを何か一つ見つけて強みに変え、自分に自信を持ち、自分という人間は何をしたいのか向き合える、そんな子どもを育てることができれば、生きるために必要な技能は何でもスムーズに身につけることができるのです。

才能の芽を親が見つけ、才能を伸ばすためのサポートを陰で行い続け、子どもが成長することで親自身も成長をしていく。これが、親子関係のあり方だと私は考えています。子どもが努力して何かを達成した時に見せる笑顔ほど、親に大きな幸福感や充実感を与えてくれるものはありません。

「努力」という概念は、「古い」「スマートではない」と嫌われがちですが、自分のために努力することの尊さを、みなさんのお子さんには、ぜひ伝えてあげてほしいと思います。

人が何を言おうと、自分の道を突き進み、努力をしていくことは何より素晴らしいことなのだと、親が手本となって見せてあげれば、子どもは必ず応えてくれます。どんな状況になっても、希望を持って前向きに生きてくれるでしょう。

みなさんの子育てがよりよいものになることを、心から願っています。

［著者］
Toru Funatsu（トオル・フナツ）
1966年福岡県生まれ。明治大学経営学部卒業後、金融会社勤務を経て幼児教育の権威である七田眞氏に師事、英語教材の開発を行う。その後独立し、米ハワイ州に移住。2001年ホノルルにTLC for Kidsを設立。英語力、コミュニケーション力、論理思考力など、世界で活躍できるグローバル人材を育てるための独自の教育プログラムを開発。使用している英語教材は全米25万人の教師が加盟するアメリカ最大の教育リソースサイト「OpenEd」による「最も効果がある英語教材部門」で第2位にランクイン。2018年までに延べ4200人以上の子どもの教育に携わった。同校の卒業生はその多くがハーバード大学、ブラウン大学、ペンシルバニア大学など、アイビーリーグを始めとした世界各国の最難関大学へ進学し、グローバルに活躍している。その実績が評判を呼び、現在ではハワイに住む経営者、スポーツ選手、アーティスト、芸能人などの子どもが順番待ちとなる人気を博している。2014年にカリフォルニア州トーランス校を設立、2017年に中国上海校を設立。著書に『世界標準の子育て』（ダイヤモンド社）がある。

すべての子どもは天才になれる、親（あなた）の行動で。

2018年12月12日　第１刷発行

著　者——Toru Funatsu
発行所——ダイヤモンド社
〒150-8409　東京都渋谷区神宮前6-12-17
http://www.diamond.co.jp/
電話／03･5778･7227（編集）　03･5778･7240（販売）
ブックデザイン—西垂水 敦（krran）
製作進行——ダイヤモンド・グラフィック社
印刷————加藤文明社
製本————加藤製本
編集担当——下松幸樹

ISBN 978-4-478-10596-2